リーダーのための！

ファシリテーションスキル

谷 益美
Tani Masumi

すばる舎

プロローグ

人の集まるところ、ファシリテーションあり

◎――マジック1本で、どこへでも行きます

こんにちは、谷《たに》益美《ますみ》です。本書を手に取ってくださってありがとうございます。
あなたがこの本を手にした理由は何でしょう？

- ・ご自身が「リーダー」、もしくはこれから「リーダー」になるから
- ・「ファシリテーション」に興味がある
- ・なんとなく

などなど、きっと理由は様々だと想像します。何にせよ、手にしてくださったご縁に感謝。ありがとうございます。この本でご縁を頂いた私は、現在フリーランスで**「ビジネスコーチ&ファシリテーター」**として活動しています。

北は北海道から南は九州まで。全国各所の中小企業や上場企業、大学、官公庁、公的機関などご依頼元は様々。対象者も、組織のリーダー、マネージャー、営業担当や販売員、大学生など、多様な人の集まるところで「笑える学べる元気になる」場をリードする役割を頂いています。

この本の執筆依頼を頂いたのは、そんな場の一つ「コーチング×脳科学」の対談講座にご参加の編集者の方からでした。

「参加者は様々、意見もバラバラ。でもなぜか最後には考えもまとまってみんな満足。終わってからも参加者同士でご縁が続く。こんな時間がどうしてできるの？　その方法を教えてほしい！」

そう言われたとき、とても嬉しかったのを覚えています。「会議」という閉じられた場で活用するためのスキルではなく、より良いチームや人間関係を築いていくための**「普段使いのファシリテーション」**についてお伝えできる。そう思ったからです。

人は人と関わり合うことで影響し合い、成長していきます。でも、実際に人が集まる場に行くと、こんな声をよく耳にします。

「会議なんてやっても無駄」
「研修したって盛り上がるのはそのときだけ」
「会社の飲み会？　本当は行きたくないよ」

人が「時間」という一番貴重な、絶対に取り戻せないリソースを割いて集まっているというのに、その場を「無駄」「苦痛」だと思っている人がいかに多いことか。

なんてもったいない！

どうせ人が集まるなら、その場をみんなにとって「心地よく、生産性の高い場」にしたい、そしてそれを「その場限り」で終わらせたくない。これが、私が仕事をお受けする原動力です。

◉──対話を促す。それがファシリテーション

起業して8年。この間に様々な場でファシリテーションを行ってきました。

8年前からご縁を頂き、現在は「ビジネスコーチング」非常勤講師としてお世話になっている**「早稲田大学ビジネススクール（WBS）」**で、二〇一二年八月、一般の方々に向けた500人規模の講義のファシリテーター（会場盛り上げ役とも言う）を仰せつかりました。

「たとえ何人いても、対話型を諦めたくない！」

とおっしゃるメイン講師の杉浦正和教授（ご専門は人材マネジメント）のお言葉を受け、初めて出会う参加者同士の交流を促し、活発な意見交換と収束、納得感を引き出すのがお役目です。

ステージから語りかけるのは杉浦先生。それを受けて、私は客席で参加者に働きかけていきます。会場全体をマイクを持って走り回り、突然指名し話しかける、うなずく、笑う、よく動く。それにつられて場の空気も徐々に温まり始め、発言もどんどん活発に。

そもそも登壇予定になかった私の存在を疑念の目でご覧になっていた参加者の皆様も（ほんとにそんな雰囲気でした（笑））、最後には「こんなに笑って学べた講義は他になかった」と嬉しいご感想をくださいました。その場でつながった方々が、その後様々な新しいアクションを起こしたというのも嬉しい展開です。

そして、二〇一三年にはある組織初の**「役員クラスのための人材マネジメント研修」**を実施したいとご依頼を頂きました。ご担当者Aさんはまさに清水の舞台から飛び降りるくらいの気持ちで企画したとのこと。

なぜなら、ほとんどが60代以上、最高齢78歳。これまで多くの成果を出してきた40人を超える方々に、「今のやり方ではダメです」と問題提起する場です。果たして反発は起きないのか、前向きな話し合いの場になるのか、そんな心配があるのも無理はなかったと思います。

参加者から見た私は、ムスメか孫かという世代。となれば、やるべきことはただ一つ。上から目線の講義スタイルはやめて、役員の方々が持っている問題意識や課題を伺い、聞き役として、一緒になって考える。その結果、みんなが前向きに未来について語り合う時間になったのです。

地元香川でも、嬉しい機会を頂戴しました。青年会議所小豆島支部の大林慈空さんから**「移住者と地元の人間を交えた百人規模のワールドカフェ」**を実施したいとのご依頼を頂いたのは、二〇一二年四月のこと。

「ワールドカフェ」とは、最低12人、最大何人でも（会場さえ確保できれば千人でも）開催できるディスカッション方法です。

集まりに合わせたテーマや「問い」を用意して、カフェのようにリラックスできる空間を作ります。４人程度の小グループでディスカッションと席替えを繰り返すことで、参加者から意見が引き出され、出会いの化学反応が起こり、会場全体に大きなエネルギーが生み出される、シンプルかつパワフルな方法です。

終了後も様々な活動を生んだこの取り組みは、参加者からだけでなく、母体である日本青年会議所の会頭特別賞を受賞するなど、多くの方々に好意的に評価されました。実行委員会の皆様のご苦労を知っている分、我がことのように嬉しい知らせでした。

他にも、全国に拠点を持つメーカー販社の営業担当、マネージャー、販売担当者向けの研修や会議、イベントの実行委員会など、様々なところで、その場限りで終わらない場作りのお手伝いをしています。

◉——あらゆる場を回していける。不思議な力

こうやって多種多様な仕事をしていると、決まって言われるひと言があります。

「どうしてそんなに業界のこととか、いろんなことを知っているの？」

そう思ってくださってありがたいと頭を垂れつつ、過大評価を頂いて実は恐縮至極です。

自分でも思うのですが、私はどちらかと言えば「モノを知らない」ほうで、家族や友人から、「どうしてそんなにいろんなところで仕事ができているのか不思議だ」と訝しむ声まで上がる始末。

では、なぜ様々な業界で、私以上に知識も経験もある優秀な方々ばかりを対象としながら、仕事ができるのか。

それは、まさに本書のテーマである**「ファシリテーション」**と深く関連しています。

◉——引き出して、まとめる。たったこれだけ

「ファシリテーション（facilitation）」は直訳すると、「促進すること・容易にすること」。

日本では、会議運営の手法としてのファシリテーションが広く紹介されていますが、本来の活用範囲は会議に留まらず、**チーム&組織運営、そして人間関係構築に深く関わる重要なスキル**です。

そして、企業でスピードと成果の両方を求められるリーダーにとって、ぜひとも押さえておきたいビジネススキルだと断言できます。

実際、欧米企業の採用条件の中に、必要なスキルとして「facilitation skill」が謳われていることも少なくありません。

では、具体的に何をするのか。
ひと言で言うと、「引き出して、まとめる」。
この言葉に集約されます。

対話を通じ、多様なメンバーから能力や行動、言葉、気持ち、アイデアを引き出し、ゴールに向けてまとめていきます。その場のテーマに関する知識や経験の豊富さは、必ずしも重要ではありません。

ファシリテーターに必要なのは、メンバーから引き出し、チームをまとめ、成果を生み出そうという強い意志と力。

そしてそれは、方法さえわかれば決して難しいものではないのです。

◉――これからのリーダーに必須のスキル

近年の私たちの職場は、ＰＣやネット、携帯電話を使うことで、お互いの仕事や人間関係が見えにくくなりました。その結果、世代間のみならず、個人間のコミュニケーションギャップも大きく広がっています。

そんな中、年齢や性別はもちろん、考え方も価値観も、仕事のやり方さえも異なる多様なメンバーを束ね、着任早々から結果を求められるのが今どきのリーダーです。

これまでのやり方が通用しない。自分の中の当たり前が伝わらない。
そんなジレンマを感じているリーダーの嘆きを、よく耳にします。リーダーである自分自身の優秀さでチームを引っ張っていく。しかし、短期的にはうまくいっても、長期的に成果を上げ続けるとなるとどうでしょう。

「未来に向けて、メンバーの優秀さを引き出すためのスキルが必要だ」

そう考えるリーダーにとって、ファシリテーションのスキルは大きな武器になるはずです。

◎——会議だけじゃない。面談、報連相、ランチ、飲み会……

人は誰しも、突然リーダーになる可能性があります。

・初めて部下を持つことになった
・新規プロジェクトのリーダーに抜擢された

・異動で別部署のリーダーに。スタッフはみんな自分よりもベテラン
・突然上司が異動。いきなりリーダーを任された！
・全社会議の司会をすることになった
・忘年会や新年会、社内行事の幹事を頼まれた

そんなとき、皆さんならどうしますか？

ファシリテーションスキルを持つリーダーなら、メンバーの力を引き出して、自分に課せられた期待にチームの力で応えていきます。その場の人間関係を観察し、個人の強みややる気を対話で引き出し、みんなが快適に動ける環境を作って、成果を出せるチームに育てていくのです。

会社全体という大きな組織にも、会議や飲み会などの小さな一時的集まりにも、ファシリテーションは機能します。

・成績が振るわないときの営業会議
・顧客からのクレーム対策会議

シビアな内容を扱う会議のときも、空気を前向きに変え、解決策を引き出します。

・大事な顧客との初めての会食
・新入社員を迎えての歓迎会

初めての人が集まる緊張感を伴う場を和やかにし、良い関係性を生み出します。

場の空気をコントロールすることができるようになれば、対応力の幅がどんどん広がっていきます。日常の仕事も活性化し、成果が出せるようになっていきます。

・お客さま訪問時
・部下からの報告を聞くとき

・毎朝の朝礼で
・社内の勉強会で
・朝、出勤したときの職場で
・営業同行の車の中で

これまでと同じ日常が、ファシリテーションを意識することで変わるのです。

人が集まるところに、ファシリテーションあり。必要なのは、紙とペン。もしくは、大きなホワイトボードとマジックがあれば最高です。

当事者意識を持ち、優秀さと前向きさを持ったメンバーで溢れたチーム。
相互に磨き合い、成長し合うチーム。

そんなチームの中心にいるのは、リーダーである読者の皆さんです。
早速、次章から、**リーダーのためのファシリテーションスキル**を磨いていきましょう。

リーダーのための!
ファシリテーションスキル
⦿
目次

プロローグ

第1章

これがリーダーのファシリテーションスキル

第2章

まずはこれだけ！チームを回すファシリテーション

第3章
ここからが本番！ビジネスを回すファシリテーション

第4章
日常の枠を超えて！
いろんな人が集まる場はこうして回す

ブックデザイン　遠藤陽一（デザインワークショップジン）

第1章
これがリーダーのファシリテーションスキル

1 チームの力、引き出せていますか？

◉――うまくいくリーダー、うまくいかないリーダー

皆さんは、チームやメンバーの力を引き出したいですか？

この問いにNOと答えるリーダーは、きっといないと思います。

新しいチームを任されたとき、何かを始めるとき。多くの人は不安と共に期待を胸に抱きます。

こんなチームにしたい、こういう成果を出そう。

しかし、リーダーのそんな思いは、結構簡単に打ち砕かれます。

あれほど言ったのに、どうしてわかってくれないの？
何度同じミスを繰り返すんだ⁉
「今日休みます」って、今日が締め切りなんだけど……？

様々な業界のリーダーから聞こえてくる、ため息混じりの多くの嘆き。どのリーダーも、どうしたらチームが良くなり、成果を出せるかを真剣に考えています。嘆いてばかりじゃいられない、といろんな工夫を試みて、結局は自分で全てやってしまう。そんなリーダーも少なくありません。

どのリーダーもその人なりに一生懸命。しかし、うまくいくリーダーと、うまくいかないリーダーがいます。その違いは何なのか。

その一つの答え、それが、**ファシリテーションスキル**です。
実際に、うまくチームを回している人がやっているところを観察すると、このスキルをごく自然に使いこなしていることがわかります。言うなれば、チームを上手に動かしている人が、現場で使っている知恵なのです。

その知恵を使ってチームの力を引き出す前に、まずは皆さんのチームの現状を分析しましょう。ここでご紹介するのは、米国最大手の調査会社ギャラップ社が25年かけて編み出した、強い職場を作るためのリストです。これらは、高い生産性を発揮しているビジネスパーソン数万人へのインタビューから抽出されたものです。

◉──強い職場を作る12の質問リスト　ギャラップ社の調査より

次の12の質問に、皆さんのチームメンバーはYES・NOどちらの答えを返すと思いますか?

Q1　仕事の上で自分が何をすべきか、要求されていることがわかっている

Q2　自分の仕事を適切に遂行するために必要な材料や道具類が揃っている

Q3 毎日最高の仕事ができるような機会に恵まれている
Q4 最近一週間で、仕事の成果を認められたり、褒められたりしたことがある
Q5 上司や仕事仲間は、自分を一人の人間として認めて接してくれている
Q6 仕事上で自分の成長を後押ししてくれている人が誰かいる
Q7 仕事上で自分の意見が尊重されている
Q8 会社のミッション／目的を前にして自分自身の仕事が重要だと感じられる
Q9 仕事仲間は責任を持って精一杯クオリティの高い仕事をしている
Q10 仕事仲間に誰か最高の友だちがいる
Q11 最近半年間で、自分の進歩に関して誰かと話し合ったことがある
Q12 仕事の上で学習し、自分を成長させる機会を与えられたことがある

『まず、ルールを破れ　すぐれたマネジャーはここが違う』（日本経済新聞社）
マーカス・バッキンガム&カート・コフマン著、宮本喜一訳より引用

このリストの特徴は、最初のほうの質問ほど重要度が高い、ということです。
もしＱ１にＹＥＳと答えられないメンバーがいたとしたら。その人は会社で一体何をし

ているのか、ということになってしまいます。

このリストのYESの数と、ビジネスの成果は比例するという結果も出ています。最初の質問から一つずつ、YESとメンバーみんなが答えられる状況を整えていくことで、チーム力向上が期待できます。

そう言われても、どうやればいいんだ?

その疑問は、うまくチームを回しているリーダーのスキル、ファシリテーションを活用することで解消していきましょう。

2 最強チームを作り出す2つのスキル

⦿──メンバーから「引き出して」「まとめる」

ここで、皆さんリーダーに期待されるファシリテーションスキルとは何なのか、具体的に見ていきましょう。

ファシリテーションとは、ひと言で言うと「促進すること」。メンバーの仕事、チームの仕事がやりやすいように、手助けする、というイメージです。そして手助けするスキルは、大きく2つに分類されます。

まずは、**「引き出す」**です。

「引き出す」とは、働きかけて、隠れているものを表に出すこと。

人はお互いに様々なものを引き出し合います。意見ややる気、目標、アイデア、才能、強み、といったポジティブなものから、妬みや不安、苛立ち、怒りや文句など、ネガティブなものが引き出されることも。

できればポジティブなものだけを引き出したい。そう思う人も多いかもしれません。しかし、チームの力を最大化するためには、そのどちらも引き出すことが大切です。

「臭いものには蓋をする」方式のチームでは、問題が表面化せず対策が後手に回りがち。日常のやりとりから、会議やミーティングまで、様々な場面でメンバーに積極的に働きかけ、どんな意見も言えるし聞いてもらえる。そんな自由な発言の雰囲気と仕組みを作り出すことが、結果的に強くポジティブなチームの土台を作るのです。

そして、引き出した後は**「まとめる」**です。

「まとめる」とは、ばらばらのものを集めてひとかたまりのものにすること。物事の筋道を立てて整えること。そして、互いの意思を一致させることです。

私たちは、様々な方法でコミュニケーションを取り合っています。メールやFAXなど、後に残るものもありますが、対面での会話や電話など、後に記録が残らないやりとりも多いもの。「言った言わない」の揉め事が起きやすいのも、対話の「空中戦」の特徴です。

ミーティングや会議など、複数のメンバーが集まる場を「空中戦」にしないために役立つのがホワイトボード。引き出した意見や情報をみんなに見えるように書いておくことで、まずはみんなの視線がまとまります。ホワイトボードのようなツールをうまく使えば、多様な意見を素早くまとめることができるのです。

⦿――すべてはベストな「決断」のために

「引き出して、まとめる」のがファシリテーション。

これらを効果的に行うための基本スタンスは、あくまで「中立」です。AやBといった異なる意見、チームの方針や方向性に対しての反論も、他の意見と同じく扱います。

「でもそれじゃ、チームは回らないよ！」

そう思われるのもごもっとも。成果を出すことを常に求められるビジネスリーダーは、たとえメンバーから反対の声が上がったとしても、自らの判断を優先させねばならない場面があります。

仕事の成否を左右しかねない局面で、リーダーが中立というわけにはいきません。メンバーから多様な意見を引き出してまとめるプロセスでは中立でも、**最終的には、チームのために独自に決断しなくてはならない**のです。そして、その決断した結果に責任を持つのもリーダーの役割です。

リーダーの「決断（判断）」について、日産自動車CEOカルロス・ゴーン氏はこう言っています。

「リーダーは人の心の機微に、しっかり対応しなければいけません。ですが、その判断においては、合理性と理論を優先させなければならない。結果を出すと思えばこそ、部下はついてきてくれるのですから」

人の心の機微に対応し、結果の出るより良い決断をするために、メンバーから「引き出し、まとめる」スキルはとても有効。

ファシリテーションは、単なる会議の進行役のスキルではありません。チームを率いて成果を生み出す、リーダーシップの一つのスタイルであり、決断を担うリーダーのために欠かせない、重要なスキルなのです。

3 ファシリテーティブなリーダーになろう

◎──「これって、どう思う?」メンバーにどんどん働きかける

チームの活動と成果を促進すること、つまり、チームへのファシリテーションを意識し、実践しているリーダーのことを、**ファシリテーティブリーダー**と言います。このリーダーの元では、メンバーは、頻繁に自分の考えを語ることを求められます。

ファシリテーティブリーダーは、チームにとって最良の決断をするために、常にアンテナを張っています。メンバーから意見を聞き、考えることを促します。反対意見を歓迎し、自分や他の意見と融合させることで、より良いアイデアを生み出そうとするのです。

それは会議やミーティングの時間に留まりません。

職場で、客先で、同行する車の中で、メールやSNSでのやりとりでも、ファシリテーティブリーダーはメンバーに働きかけ続けます。

もし皆さんの上司がファシリテーティブリーダーだったらいかがでしょう?

少なくとも、楽はさせてもらえそうにありません（笑）。が、常に問題意識を持ち、自分の意見を語る機会を与えられることで、成長の速度は随分と早くなりそうです。また、リーダーの出す結論への納得感も高まるような気がします。

それはすなわち、皆さん自身がファシリテーティブリーダーとしてチームに関わることで、日常の中でメンバーの意識を変え、成長速度を上げ、結果を出せるチームに変革することができるということなのです。

◉――ファシリテーティブリーダーになるための12の質問リスト

次のリストは、30ページでご紹介した「強い職場を作る12の質問リスト」を元に私が作成した、ファシリテーティブリーダー度チェックリストです。

Q1 メンバーに何をすべきか、何を期待しているのかを伝えている
Q2 チームが仕事を適切に遂行するために必要な材料や道具を整えている
Q3 メンバーそれぞれに、毎日最高の仕事をする機会を与えている
Q4 この一週間のうちに、メンバーの仕事の成果を認めたり、褒めたりした
Q5 メンバーを一人の人間として気にかけていることを伝えている
Q6 メンバーの成長を応援し、後押ししている
Q7 メンバーの意見を聞き、尊重している
Q8 会社のミッション／目的のために、メンバーの仕事が重要だと伝えている
Q9 メンバーの仕事ぶりを把握し、クオリティの高い仕事をするよう促している

Q10 チームメンバーの人間関係を把握している
Q11 この6カ月のうちに、メンバーの進歩について話す機会を持った
Q12 この一年のうちに、メンバーが仕事について学び、成長する機会を作った

さて、どのくらいチェックできたでしょうか。

全てチェックできたという方。皆さんのチームに所属するメンバーは幸いです。きっとやりがいと達成感を持って、チームに誇りを感じていることでしょう。

チェックはついたが、そんなふうには感じられないという方。何かボタンのかけ違いがあるのかもしれません。30ページのリストをメンバー自身にチェックしてもらって、自分のリストとの差がないか、確認してみることをおススメします。

全くチェックがつかなかったという方。嘆く必要はありません。ここから先は成長あるのみ！ 早速スキルを学んで、実践していきましょう。

4 ファシリテーション基本のキ。大切なのは「個別対応」

テクニックに溺れない「ファシリテーティブマインド」とは？

「なんか口先だけだなぁ……」

ビジネスコーチングやファシリテーションを学び始めたばかりの頃。参加した勉強会の実習で、よくこんなことを思っていました。実習でペアを組む相手は、こちらの話を聞いてくれるし、褒めてくれる。でも、本当にいいと思ってるとは思えない。それって、テクニックとして使ってるだけなんじゃないの？と。

もしリーダーのコミュニケーションが、そんなふうにメンバーに思われてしまったら。全く効果がないばかりか、**「その手には乗らないぞ」**と逆効果になってしまうかもしれません。

そんな羽目に陥らないために大切なのが、リーダーの持つマインドと普段の態度。どんなマインドで、どんな態度を取ればいいのか。具体的に、ファシリテーションのスキルを学んでいく前に、まずはファシリテーティブリーダーとしての基礎固めです。

個別対応のコツ①まずはメンバー一人一人を「知る」ことから

ファシリテーティブリーダーとしてメンバーに最高の仕事をしてもらうためのポイント。それは、チームの状況をぼんやりとイメージするのではなく、常にメンバー一人一人を思い浮かべることです。

チームや会社は個人の集合体。それぞれのコンディションが、チームの雰囲気と結果を作り出します。ファシリテーションの基本は、全体を見ながら、実際にはメンバーに合わせて個別対応することなのです。

普段から目をかけてくれていて、必要なときにタイミングよく質の高い対話の時間を持ってくれる。そんなリーダーは、やはり、信頼され尊敬されます。個別対応を意識して、**この人の役に立ちたい、成長したい、**メンバーがそう思うチームの基盤を作りましょう。

メンバーと接する上での第一のポイントは、まずは相手を**「知る」**こと。

その上での、**「目配り」「対話」**とその**「タイミング」**です。

例えば以下について、皆さんはメンバーのことをどのくらい知っていますか?

「評価してほしいと思っていること」「これまであげてきた成果」「目標にしていること」「キャリアビジョン」「仕事の満足度」「得意分野」「苦手分野」「持っている資格」「目指している資格」「仕事量」「仕事のスキル」「仕事のクオリティ」「誕生日」「血液型」「家族構成」「強み」「チームでの立場」「職場内の人間関係」「人生観」「価値観」「家族の状況」「生活の状況」「今興味を持っていること」「今困っていること」「ストレスの原因」「日々の体調」「あなたへの期待」……

もちろん、全てを知っている必要はありません。これらのうち、「メンバー自身がリーダーに知っておいてほしいと思っていること」が何なのかを把握していることが大切です。

中には、仕事に直接関係ないと思われる事柄も含まれています。しかし、こうした多様なデータを徐々に集めていくことで、メンバー一人一人に最適な仕事の環境、機会、助言を与えていく準備が整っていきます。

個別対応のコツ②ちゃんと「みる」ことで見えてくる

メンバーを「知る」ことに加えて、ぜひ行うべきなのが目配りです。目配りとはそのものズバリ、相手の様子に目を向けること。「みる」ことです。

コーチ仲間の谷口貴彦さんの言葉を借りれば、ファシリテーティブリーダーに必要なのは、**「みる」の五段活用**。

見る……視界に入れる
視る……注意して「みる」
観る……観賞する。時間経過による変化も合わせて「みる」
診る……診察する。症状として、何が起きているのかを「みる」
看る……看護する。相手のケアをする

単に「みる」と言っても、いろんな見方があるものです。普段はチーム全体を大きく捉えるために「見る」、気になる相手は注意して「視る」、育てたいメンバーは変化や成長を感じながら「観る」、問題が起きそうなメンバーは、何が問題なのかを見極めるべく「診る」、調子のよくないメンバーには、回復を促すべく「看る」。

皆さんの普段の「みる」はどのレベルでしょうか？　これらの「みる」を状況と相手に合わせて使い分けること。そうすることで、見えてくる世界が変わります。

メンバー一人一人の最良のパフォーマンスを引き出すために、まずは「みる」。その上で、質の高い対話の時間を作っていきましょう。

個別対応のコツ③戦略的コミュニケーションのススメ

何だか調子が悪そうだな。
今日は機嫌が悪いんだろうか。

メンバーを意識して見ていると、その表情や態度から、いろんなことを想像します。

IT企業の営業をしていた頃のある案件のミーティング。制作担当メンバーAくん、妙に態度が悪いのです。そもそも愛想の悪い彼のこと、いつものことかとも思いつつ、あまりにダルそうなので、段々ムカムカ腹が立ってきました。

「やる気ないんじゃないの!?」と叫びたい気持ちを抑えつつ、それでもとうとう我慢できなくなって、**「いつもと違うようだけれど、何か気になることがあるの?」**と声をかけました。

それに対する彼の答え。
「ウチの子、夜泣きがヒドいんスよ……」

一晩中、一時間おきに起こされてひどい寝不足。しかもそれがここしばらく続いていて、眠れないストレスでイライラが最高潮だったというわけです。

彼にそんなに小さい子どもがいるということも知りませんでしたし、その当時は子育て経験もなく、夜泣きがどんなものなのかも知らなかった私。予想外の答えを聞いて、ようやく事情が飲み込めました。「家庭の話ですみません」という彼の謝罪に、言い訳したくない彼のプライドも伝わってきました。

もしも「やる気あるの⁉」と詰め寄っていたら、きっと彼からはこんな返答もなかったでしょうし、その後のやる気にも大きく影響していたでしょう。

おかしいな、と思ったら声をかけてみる。表面的に見える状況だけで「こうだろう」と決めつけていては、適切な対応はできません。そのためには、まずは相手がどういう状況かを把握することが大切です。感情をぶつけるのはそれからでも遅くありません。

・その場で出したい成果は何か
・そのためにメンバーから引き出さなければならない要素は何か
・引き出すためにどんな質問を活用するか

以上3つを整理した上で、メンバーとの対話は戦略的に。このケースでは、

・制作物について前向きに議論し、提案アイデアを出す
・彼のやる気とアイデア、今の彼の状況と案件についての考えを引き出す
・彼の状況把握と相互の意見交換につながる質問を活用する

こう考えて対話を組み立てました。

「難しい‼」と思うかもしれません。しかし、まずはこの3つを手がかりに、冷静に中立的に受けとめた上で、戦略的にメンバーに働きかけるよう意識してみてください。いつもの対話が随分と生産的な時間に変わるはずです。

個別対応のコツ④気難しいメンバーはタイミングを見計らって

「……とは言え、急にはできないよ」

今すぐ進めなければならないミーティング中に、じっくり対話の戦略を考えるのも難しい。そんな声も聞こえてきそうです。

その通り。だからこそ、普段からメンバーをよく「みて」、個別のコミュニケーション戦略を持つことをおススメします。

ここで再び登場、先ほどのAくん。そもそも普段からあまり愛想の良くない人でした。こちらから見た彼の態度は、基本、上から目線。

私「こんなのできる?」

Aくん即答「そんなの無理です」

専門家である彼から見れば、素人ＩＴ営業の私に対して、いろいろ思うところもあったでしょう。そんなふうに想像できましたから、正直付き合いにくい相手でもありました。チームとしてより良い仕事をするために、いつかはきちんと話さなければ。そう思っては、機を狙っていたある日のこと。

その日は何だか機嫌良く、冗談を飛ばしながらのランチタイム。今なら話せる。そう、まさに絶好の「タイミング」です。そう思った私は、普段から思っていた疑問をぶつけてみることにしました。目的は、彼の考えていることを把握して、彼のやる気スイッチと成長ポイントを探ること。

「実はやる気ないんじゃないの？」
「俺ってエラいとか思ってんじゃないの？」
「私のこと嫌いなんじゃないの？」

列挙してみると、我ながらほんと身も蓋もない……（笑）。

もちろん、このまま口にすれば衝突必至。お互い口論になること請け合いです。ケンカをしたいわけではありませんから、これらの質問はこんなふうに言い換えます。


「テンション上がるのって、どんな仕事？」

「私がレベル上げるために、何すればいいかなぁ？」

「一緒にやる仕事の進め方で改善したほうがいいことってある？　あったら教えて」


これらの問いに対して、彼は彼なりに前向きな答えを返してくれました。

「何だかわかんないけど素人なのに仕事取ってくる谷さんも、スゴいですよ」

とかなんとか。そんなふうに思ってたんだ！という驚きの発見もあったりして（笑）。


こんなやりとりを重ねることで、関係が少しずつ深まり、仕事がやりやすくなり、お互いに成長し合ってチーム力は上がっていきます。相手を「知る」こと・「見る」こと＝個別に対応していくことで、強いチームを育てていきましょう。

5 メンバーがどんどん話したくなる空気を作る

なかなか発言しないのにはワケがある

「ウチのメンバーがこんなに話すなんて……」

私がファシリテーションする場を見たリーダーの方々から、とてもよく頂くコメントです。この後続けて「いつもは質問しても発言しないのに」とブツブツ。

うんうん、よーくわかります。

発言しない、その理由。それは聞き手の不在です。

「聞き手がいない？　そんなことない、ちゃんと聞いてるよ」

そう思うかもしれません。聞くポイントは、相手がついつい話したくなる態度を見せること。「見せる」というのが大切です。

私たちは、五感の感覚器（目、耳、皮膚、舌、鼻）を通じて様々な情報を受信しています。このうち、一番多くの情報を受信するのは「目」。約8割の情報が、目から入ってくると言われています。話が盛り上がるかどうかは、聞き手が見せる態度に大きく左右されているのです。

◉——リーダーの「聞いてるよ」が伝わる5つのチェックリスト

皆さんは、きちんと**「聞いてる態度」**見せてますか？

ここで、ちょっとチェックしてみてください。

□ 相手と程よくアイコンタクトを取る

□うなずく、相づちを打つなど、目に見える反応を示す
□しぐさ、言葉遣い、声のトーンやスピードなど、相手にペースを合わせる
□「それで？」「もっと聞かせて」など、言葉で相手の話を促す
□相手の言葉を繰り返して確認する

いかがでしたか？　「やってるよ」とおっしゃって、いざ様子を拝見すると、目には見えない「心の相づち」を打っていた。そんな方も多くいます。

◎――メンバーが「話しやすい」に変わる3つのレスポンス

首を縦に動かすこと。もっと詳しく聞かせてと、具体的に言葉で促すこと。きちんと見える、聞こえる態度を取ることで、対話はもっと活性化します。

その上で、もし可能なら、相手の言葉を繰り返す「オウム返し」もやってみてください。言っても否定されるだけだと思うと、発言は減ってしまいます。賛同できずとも相手の

話を確認するために、相手の言葉を繰り返す。このことで、「伝わった」という安心感が生まれるのです。

リーダー「何か問題は？」
メンバー「実はこの部分が気になっていまして……」

例えばこのとき、メンバーが気になっている点が、本当にどうでもいい些細なことだったとします。

「そんな小さなこと問題じゃないよ。気にするな」

そう答える方も多いかもしれません。しかし、ファシリテーティブリーダーは、こんなとき、まずはこう返します。

「この部分が気になってるんだね」

気になっている、というメンバーの言葉を一旦受けとめてから意見を返す。ほんの小さなことですが、相手に「聞いてもらえた、伝えられた」という気持ちを生みます。こういうやりとりの繰り返しが、リーダーへの話しやすさを作るのです。そして、チーム全員、メンバー同士のやりとりにも良い影響を及ぼしていきます。

うなずき、相づち、繰り返し。

こう覚えて、今日から実践してみましょう。

◉――チームみんなが前向きに。小さな声かけ大きな効果

商品説明が苦手だったけど、気づくとできるようになっている。

最初はとっつきにくかったメンバーと、今では気楽にしゃべれるようになった。

私たちは日々、変化成長しています。今できないからといって、明日もできないに違いない。そうとは言い切れないのが面白いところ。成長するためには行動あるのみ。しかし、様々な要因でやる気が上下し、行動に二の足を踏んでしまうことがあるのもまた事実です。

そんなとき、もし勇気づけの言葉をくれるリーダーや仲間がいたら。

リーダーや仲間からの声かけは嬉しいもの。心からの褒め言葉は心にじいんと響きます。まずは率先してリーダーが行ってください。

とは言え、「褒める」ことに関して苦手な方の多いこと。褒められたい、でも自分が褒めるのは苦手。こうおっしゃる方がほとんどです。

恥ずかしい、照れくさい。いろんな理由があるようですが、実は大きな原因は、**「褒め言葉のボキャブラリー不足」**。いざ褒めようと思っても、「すごいね！」のワンワードしか出てこない。これではなかなか褒められません。

かけられて嬉しい言葉は十人十色。研修で様々な方に聞いた「やる気が上がる言葉」の数々です。皆さんは、どんな言葉をかけられたら嬉しいですか？

「ありがとう」「さすが！」「キミだから任せたい」「キミにしか頼めないんだ」「お手本に

なるなぁ」「変わってるねぇ」「一緒にいると、ほんと楽しいよ」「どうしてそんなに面白いの？」「あのデータを出せたのはスゴいね」「そのアイデアもらっていいか」「いてくれてよかった」「信頼してるよ」「想像以上だ」「新しいネクタイだね」「レベル上がったな」「助かった！」「いつでも声かけて」「勉強してるね」「何だか元気出てきたよ」

他にも多くの褒め言葉があるはずです。自分がもらって嬉しかった言葉、本や周りの人から得た素敵な言葉。たくさん仕入れて常に心に用意しておくと便利です。

そしてもう一つ。褒め上手になるには、褒められ上手になることも大切。褒められたい、でも、褒められると照れくさい。照れ隠しについつい褒め言葉を拒否していると、周りの人も段々褒めるという行動を取らなくなります。

メンバーを褒める、自分も褒められたら「ありがとう」と素直に感謝する。最初は照れくさいかもしれませんが、やってみる価値は大アリです。チーム全員が元気になるためのコスト不要の基礎固め。どうぞお試しアレ。

コラム 1

ファシリテーティブなリーダー＝「ファシリーダー」の時代！

早稲田大学ビジネススクール教授　杉浦正和

谷さんとは、8年前に朝の勉強会でお会いしました。名刺交換してほんの少し言葉を交わした瞬間に「この人はホンモノだ」と強く感じるものがありました。そして早稲田大学ビジネススクールの『人材・組織』の授業にお招きしてお話をして頂きました。とても評判が良かったので、現在では『ビジネスコーチング』という独立したクラスをご担当頂いています。もちろん、大評判。

「ファシリ」はラテン語で物事がストレスなく流れることです。物事がうまく流れると、楽しくなります。楽しくなると、どんどんアイデアが出て創造的になれます。それがファシリテーターの1つ目の役割です。

ファシリテーターの2つ目の役割は、口を開いてもらうこと。今までの日本では「沈黙は金」でした。グローバル化が進むとそうはいきません。ちゃんと自分の意見を言ってもらうことは大切です。

だからといって、みんなが口々に言い出すと、まとまるものもまとまらなくなってしまいます。ファシリテーターの3つ目の役割は、ちゃんと交通整理をすることです。

谷さんは、この3つが実にうまいのですが、その根底には初めて出会った人に2分以内で「ともだち」だと感じさせることができる能力があります。それを「ともだち力」と造語してみます。その人と話すと自然に気持ちの垣根が下がって気がついたら何でも言える「ともだち」になっている――そんな力を発揮して誰もが話しやすい場を作る人がファシリテーティブなリーダーなのです。

ともだち力のあるファシリーダーがいてくれると、たくさんの人の心を一つにできます。私は毎年「500人授業」を1回2時間担当しているのですが、普通は人数が増えるほど「参加型」は難しくなります。でも谷先生というファシリーダーがいれば、500人が谷先生を通じてお互いに「ともだち」になれるのです。互いの学びが始まるのは、そこからです。

第2章
まずはこれだけ！
チームを回すファシリテーション

1 チームのコミュニケーションを仕組み化する

「ミーティングはお好きですか?」

研修でこう聞くと、約8割の人が「嫌い」と答えます。「大嫌い」と答える人も結構いて、なかなかに嫌われ者なミーティング。しかし、日々のチームの仕事は「ミーティング」で回っていると言っても過言ではありません。

ちょっといい?と2人で始まる日常の打ち合わせから、メンバー全員で行う定例ミーティング、緊急で招集される会議まで、人数もテーマも多種多様。この場をうまく回せるようになれば、仕事も人間関係も円滑に進みます。

ミーティングを制する者、ビジネスを制す。いつもの時間をより良く変えて、チームとメンバーを動かしていきましょう。

◉——3つの仕組みでチームを回す

「あの企画書どうなった？　提出前にチェックしたいんだけど」
「え？　もう先方に出しちゃいました……」

チーム内の情報共有の仕組みが整っていないと、いろいろなところで伝達ミスやトラブルが起こります。リーダーとしてチームの仕事をスムーズに回していくには、次の3つのミーティングのパターンを頭に入れておくとよいでしょう。

①「ちょっといい？」で始まるプチミーティング

日々、チーム内で行われる最も身近で頻度の高いものがこれです。リーダーからのちょっとした連絡や確認のこともあれば、メンバーからの報連相もこれに含まれます。

ただし、気軽に行えるだけに、お互いの時間を無駄にしないよう注意が必要です。何について、何分くらい、何のために。この3点を明確にして、「○○の件について話を聞きたいんだけど。10分くらい打ち合わせできる?」などと、声をかけましょう。これはメンバーからリーダーへの場合でも同様です。

②朝礼、週一・月一会議、四半期・半期・年度などの定例ミーティング

定期的に行うことで、伝達ミスやトラブルを防ぎます。また、突然の思いつきで始まるゲリラミーティングを防ぐ効果もあります。「この件については、今度のミーティングでみんなに相談しよう」、誰もがそんなふうに思えるからです。チームの業務の性質に応じて上手に設定して継続していきましょう。

③課題解決や企画立案、勉強会などのミーティング

日々の業務以外の何らかの目的で行うミーティングです。メンバーの誰かと一対一のときもあれば、チーム全体の課題解決、企画立案、勉強会など、いろいろ考えられます。①②に加えて、こうした場を設けることで、メンバー一人一人やチーム全体の成果をより高いものにしていくことができます。

その他、週報や日報、フェイスブックや社内SNSなどのツールの活用など、対面コミュニケーション以外の方法も適宜取り入れながら、チーム内の情報共有の仕組みを整えていきましょう。

◎――どこでどうやる？ 誰もが話しやすい場作りのコツ

①一対一のとき

［気楽にやるなら、相手のホームへ］

デスク周辺でのちょっとした打ち合わせ。相手のところに行くか、相手をこちらに呼ぶか、皆さんはどちらのパターンが多いですか？

職場の中で、自分のデスクはその人にとってのホームポジション。皆さんのデスクは、メンバーにとってアウェイな場所。どうしても落ち着かない気分になるものです。相手と気楽に話し合いたいなら、相手のホームでミーティングをしましょう。そして立ったままではなく、近くの椅子を引き寄せて、目線の高さを合わせて座ります。

[向かい合うより、ハの字型]

親しい同僚とランチ。二人掛けの小さなテーブル席に通されて、何だか妙に落ち着かない。そんな経験はありませんか？

正面で正対する配置は、顔を上げると目が合うポジションです。白黒ハッキリつけたい対決の場面にはフィットしても、意見交換など、対話をしたいときにはおススメしません。目を合わせて話そう、とはよく言いますが、大切なのは相互のバランス。合わせっぱなしはツライ、という人も多くいますから、机の角を使ったり、同じ方向に斜めに座るハの字型などのほうがよいでしょう。これなら、資料も同じものを同じ向きから眺めることができます。ホワイトボードにお互い書き込みながら話し合うのもおススメです。

人は自分が見たいところを見て、自分に都合のいいように解釈するもの。思わぬ齟齬を生まぬよう、同じものを見ながら、考えをまとめていくといいでしょう。

②チーム全員のとき

［デスクそのまま］

いつものデスクに座ったままでミーティングを行うとき。集中して早く済ませたいなら、PCの電源を落とすように促しましょう。ノートパソコンなら閉じるだけでも十分です。新着メールやSNSのメッセージ。チーム外からの連絡は、時間を問わず入ってきますから、その度にメンバーの集中が切れるようでは困ります。場合によっては、携帯やスマホもミーティング中は見ないことをルール化してもよいでしょう。

［立ったまま］

欧米では、立ったままで5分〜15分程の短い時間行うスタンディングミーティングが広く行われています。日本でも、キヤノン電子の立ち会議や、立ち飲みバースタイルの会議室を持つクルーズ株式会社など、立ったままでのミーティングを定着させている企業が段々増えてきています。

立ちっぱなしは疲れるもの。そこを逆手に取って、疲れる前に終わらせちゃおう！という時短の仕組み。オフィスの一角にハイテーブルと、ホワイトボード。ちょっといい？でみんなが集まれる、立ち話専用スペースを作るのもいいかもしれません。

［場所を変える］

場所が変わると気分も変わります。社内に会議スペースがあるのなら、そこを積極的に活用しましょう。予約が必要なら、会議の終了時刻も自ずと決まります。自分の執務スペースを離れることで、会議に集中することにもなります。

また、様々な道具の効果も見逃せません。19年連続増収増益を成し遂げたトリンプインターナショナルジャパンの元社長、吉越浩一郎氏は、業績向上のキモは会議にあったと言っています。そしてその会議で大活躍していたのが、手元資料を映写できる書画カメラ。伝えたいことを絵葉書サイズの紙に手書きし、映写しながらミーティング。決まったことをどんどん書き込み、一議題数分で結論を導き出す。吉越式会議には書画カメラが必要不可欠だったと言います。

ホワイトボードやプロジェクター、書画カメラなど、会議を効率的に進めるための道具はいろいろあります。必要だと思ったら導入してみる価値、大いにアリ。既にあるのなら、活用しない手はありません。

その他、クライアントへの守秘義務のある話題を扱うとき、メンバーから忌憚のない意見を聞きたいときなどは、他者の耳に入らぬよう、密閉された空間を確保するよう配慮しましょう。

◉――メンバー優先？ 時間優先？ 時間厳守のカルチャーを作る

【始まりは時間厳守】

開始時間になったのに、メンバーが揃ってない……。そんなとき、皆さんならどうしますか？ 講義でも研修でもミーティングでも、人の集まるところ、遅刻者はつきもの。数分待てば揃うのなら待ちたい。そんな気持ちになるのも道理です。

しかし、時間通り、もしくは、時間前からスタンバイしている人もいます。遅刻者を待つことで、こう思っても無理はありません。

「なーんだ。それならあの仕事、終わらせてしまえばよかった」

かくして自分の仕事を優先し、遅れるメンバー増。ミーティングは遅れて始まるもんだ、という文化が醸成されてしまいます。時間を守るメンバーを育てたいなら、ミーティングは原則、時間通りに始めましょう。無論、リーダー自身も時間厳守が鉄則です。

［遅れて来る人がいてもミーティング開始］

たとえ全員揃っていなくても、時間になったらミーティングを始めてしまいましょう。キーマンが来ておらず本題に入れないとしても、まずはできるところから始めることが大切です。ただし、遅れて来たメンバーにも事情はあります。遅刻を責めるのではなく、合流へのウェルカムを忘れずに。

誰かが遅れても時間通りに始まるミーティングを続けていれば、自然と「時間を守る」という文化が醸成されます。口で指導するだけではなく、筋の通った態度でチームをリードしていきましょう。

［終わりも時間厳守］

そして、終わりの時間も必ず決めておきます。そのためには、大体の議題と、必要時間を読むスキルが必要。最初はどのくらいの時間か読めなくても、終わり時間を決めることでどんどん精度が上がってきます。

終わり時間を決めたら、もし話が終わっていなくても一旦そこで中断して、延長してもいいかを確認しましょう。大切なアポが入っているメンバーがいるかもしれません。決めたことは、必ず守る。初めは大変かもしれませんが、普段のミーティングで、そんな小さな約束を大切にするリーダーの態度が、「言ったらやる」というチームの空気を作るのです。

「ミーティングのルール」が「チームのルール」に

ところで、皆さんのチームのミーティング、ルールを共有していますか？

ルールとは、みんなが守る約束事。多様なメンバーが集まってのミーティング、秩序を保つにはルールが必要です。「時間を守る」「決まったことは必ずやる」など、当たり前だと思うことも、明文化して共有しましょう。できれば書いて掲示して、自然に目に入るようにしておくと便利です。

「ミーティングって、『言ったもん負け』ですよね」と言う方もいました。発言しちゃうと「じゃあやって」となるから言えない。確かに！と膝を打ったコメントですが、みんながそう思って誰も発言しないのも困りもの。

それを見越して「アイデアを出した人はやらなくていい」というルールを設定しているチームもありました。他にも、「反対意見は代替案を添えて」とか、「脱線は3分まで」など、いろいろ思いつきそうです。

先日お邪魔した高校では、会議やミーティングの生産性を上げるための活動が進行中。最初に行ったのが「会議のルール」作りでした。これは、ビジネスパーソンの皆さんでも同じことだと思います。

どうせ作るなら、みんなが守りたくなるルールにしたい。そう思うなら、**「ミーティングのルールを作る」ミーティング**をやってみてください。実はこう思ってた、という意外なみんなの問題意識も共有でき、おススメです。

2 対立・停滞・重複が消える。ホワイトボードはこうして使う

「会議を何とかしたいんです」

そんなご相談を受けたとき、最初にお勧めするのが**ホワイトボードの活用**です。私がホワイトボード好きだからではもちろんなく（笑）、意見をまとめるのにも、アイデアを生み出すにも、記録にも、とても便利なツールだからです。

どんな会社にも一台はあるホワイトボード。その活用の方法をお伝えします。

◉――まずはこれだけ書いてみよう

白紙のホワイトボードを前にして、さて何から書けばいいのやら。
ＯＫ、まずはこれだけ書いてみましょう。

①会議タイトル
②本日のテーマ
③日時（開始時刻と終了予定時刻）
④参加者名
⑤本日の議題と出したいアウトプット

これを書いておくだけで、脱線や結論が出ないといった会議の問題が随分減るはずです。

ただ、周囲のビジネスパーソンに聞いてみると、実はホワイトボードを使ったことがない、という方もかなりいるようなのです。

図2-1 これだけ書いたら、ミーティング開始！

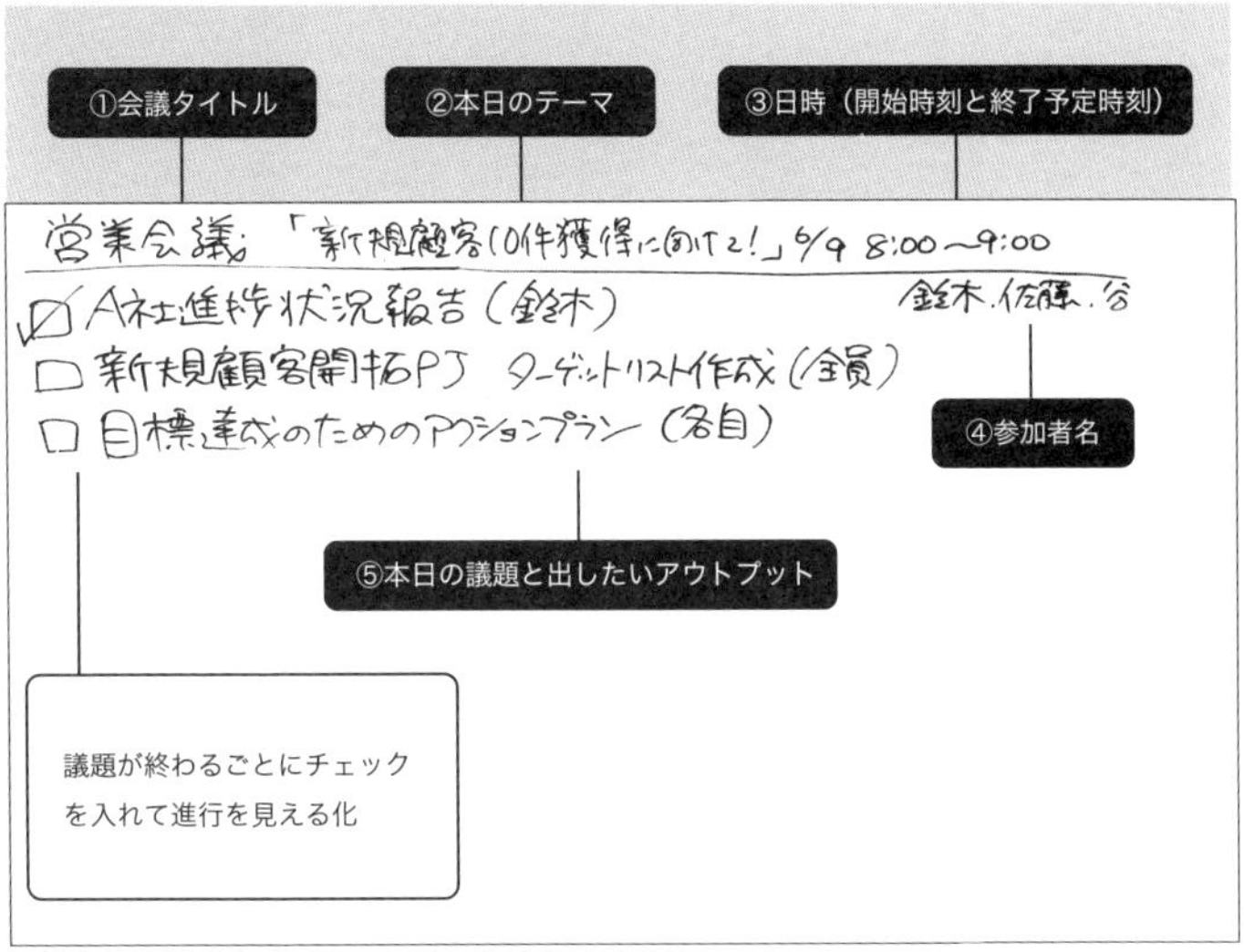

「そもそも会社の文化として使わない」

「リーダーになりたて。自分が書く側に回ったことはない」

「何だか大げさ。メモ程度のレジュメで十分では？」

理由はどうあれ、今まで一度もマジックを手に握ったことのない人が、ホワイトボードの前に立つ。しかも誰に指示されたわけでもなく。

この状況、かなりハードルが高いのかもしれません。

そういう場合は、**会議が始まる前に書いておく**ことをおススメします。始まる前に書いておいて、会議中はホワイトボードの近くに座ります。

もし可能なら、**議題が一つ終わるごとにチェック**を入れて、進捗も見える化できると最高です。終了時刻が近づいているのに、まだ議題が残っている。参加者がそう気づくことで、意見を出そう、早くまとめようというエネルギーが生まれます。

今からやることを見える化し、どこまで進んだかを共有する。ホワイトボードの力を借りて、サクサク進めていきましょう。

◉――目線が上がれば、対話が生まれる

「ホワイトボードに書かなくっても、配布資料でいいんじゃないの？」

皆さんは、どう思いますか？

私の答えはやっぱりNO。ホワイトボードを使う利点は、情報共有だけではないからです。

私が建材商社で営業をしていた頃のこと。社内には、営業グループと工事グループがありました。営業はゼネコンや工務店から仕事を受注し、工事担当に引き継ぎます。

入社当時はなかった営業と工事の合同定例ミーティングが毎週火曜日に持たれるようになって、随分と社内の雰囲気が変わりました。

お互いの情報不足、理解不足が原因のミスや対立がなくなっていったのです。

配布資料はありません。

みんなが見るのは、壁にかかったホワイトボード。

各現場や今後の予定案件が書かれています。この先3カ月の工事予定と見込み案件を書き出すことで、未来の情報が共有され、他のメンバーがどんな仕事を持っているかがわかり、自然と「手伝おうか？」というやりとりが生まれるようになりました。

図2-2 みんなでボードを見ながら、定例ミーティング！

資料がないので、全員顔を上げ、同じものを見ることになります。目線が上がっていますから、自然と対話も顔を合わせて始まります。

手元に資料があると、ついついそちらに目線が下がり、下を向いての会議になりがち。それでは対話も生まれず、なかなか協力関係が築けません。

みんなが目線を上げれば、対立から対話へとその場の空気が変わります。

できれば資料を配布せず、ホワイトボードで共有してみましょう。

◉――ボードにメモするだけで、空気一変！

ホワイトボードを使って議事進行をすることに慣れてきたら、次のステップはホワイトボードメモへの挑戦。**参加者から出た意見を、ホワイトボードにまとめます。**書かれた意見は共有されますから、同じ意見が何度も出る、そういうことが随分減ります。

これは、ビジネスに限りません。人が集まって話し合う場であればどんな場所でも同じです。私が住む町の自治会も、ご多分に漏れず高齢化が進んできました。世帯数も減り、地域内の班編成を見直すことに。たまたま班長だった私も役員会に参加します。

役員会は、自治会長たち役員と、持ち回りで役目を仰せつかった各班の班長、20人くらいの集まりです。昔から住んでいる方々と、私のようについ最近越してきた、そんなメンバーが混じっています。

「このままでいいんじゃないの？」
「いやいや、今やらないでいつやるの？」

いろんな意見が（主に人生の先輩方から）飛び交います。私も末席に座っていたのですが、段々我慢できなくなって（笑）、とうとう「あのー」と切り出しました。

「よかったら、書記やりましょうか？」

そう申し出て、会場のホワイトボードに議論をまとめること1時間。堂々巡りだった議論が徐々に整理され、最終的には班再編成に向けてのスケジュールの同意まで進みました。

ホワイトボードに書き始めると、みんな同じ方向を向き、指差しながらの議論スタート。書いたことを元に次に進み、そこはこうだよ、あれはこうしたら？とみんなで一つの結論を出していく、そういう状態に変わります。

書くときのコツは、発言者や会場全体と対話しながら進めること。**みんなの代わりに確認しながらメモを取る、**そんなイメージで書いてみましょう。間違えても消せるのがホワイトボードの良いところ。ぜひ一度、挑戦してみてください。

◉——「これでいい？」言葉選びは慎重に

打ち合わせや会議のメモ、皆さんはどんなふうに書いていますか？

恐らく会話の全てを書いているわけではなく、簡単に要約したり、キーワードだけを書き残したり、様々な工夫をしていると思います。

ホワイトボードメモを書くときのコツは、対話しながら書くことだ、と先ほどお伝えしました。なぜならば、私たちは自分に都合の良いように解釈し、都合の良い言葉を選ぼうとしがちだからです。

自分の発言が自分の意図とは違う言葉で残されるのはとても気持ち悪いもの。メモをまとめたら、必ず発言者に、**「これでいいですか？」**と確認しましょう。

私も必ず確認するのですが、「言いたいことはそうじゃなくて」と修正が入ることもあります。きちんとそういった声にも対応することで、ここは発言を丁寧に扱ってくれる場だ、という安心感も生まれるのです。

◉——脱線しても大丈夫。全部拾ってみんな納得

「今その話してないじゃん……」

会議には、得てして議論を脱線させる人がいるものです。しかも、そういう人ほど「そもそもさぁ」とそもそも論を展開し、議論を停滞させたりします。

そんな場合も大丈夫。ホワイトボードを使って停滞するのを防ぎましょう。

図2-3 ライン を1本引くだけで、スッキリ整理できる！

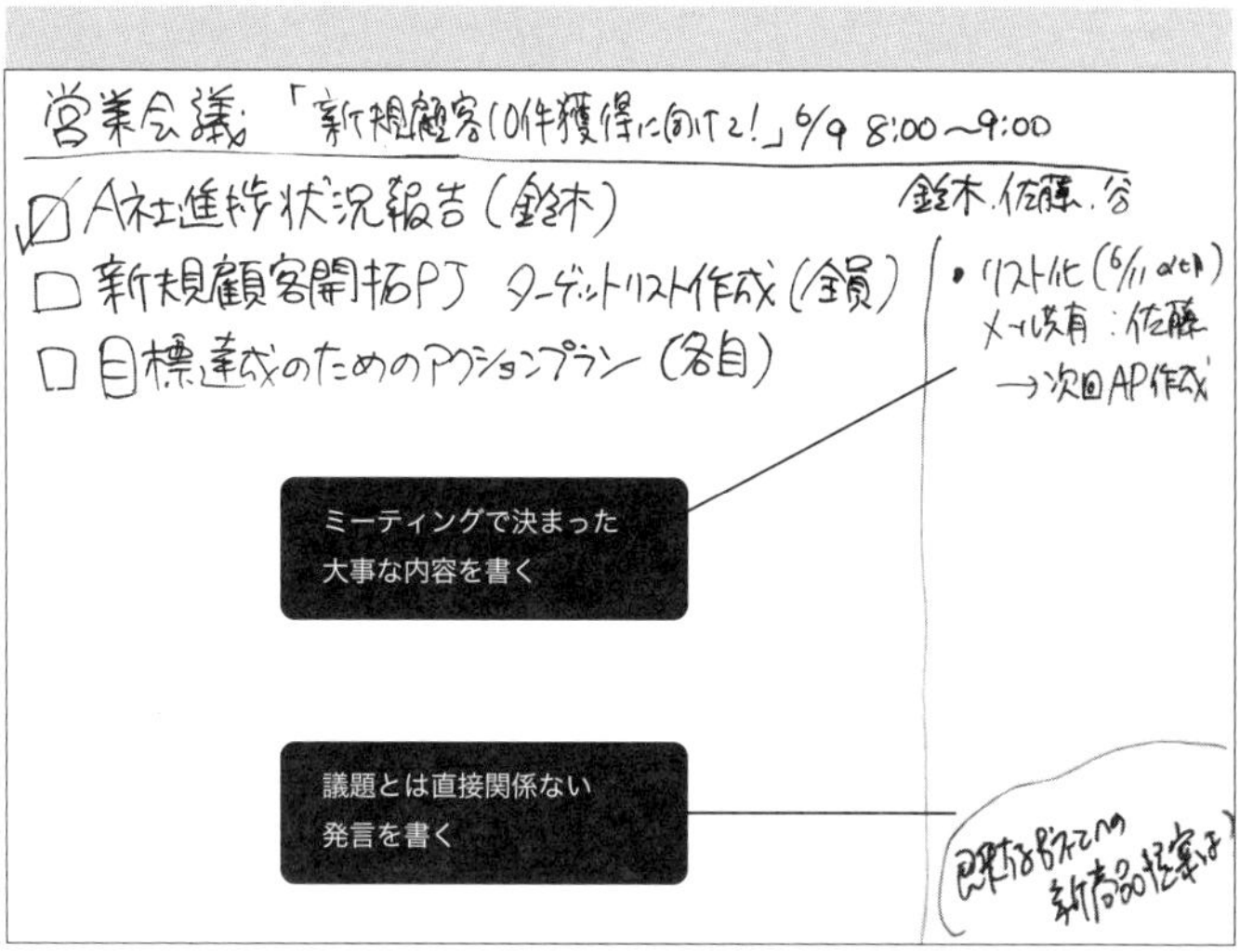
営業会議「新規顧客10件獲得に向けて！」6/9 8:00〜9:00
鈴木、佐藤、谷
A社進捗状況報告（鈴木）
新規顧客開拓PJ ターゲットリスト作成（全員）
目標達成のためのアクションプラン（各自）
ミーティングで決まった
大事な内容を書く
議題とは直接関係ない
発言を書く

やり方は簡単。ホワイトボードの右端に、少しスペースを取って**縦にラインを1本**引いておきます。今の議論と違う内容だなぁと思ったら、メモをそのスペースに記入します。

「とても大切なご意見ですが、今の議題とは違うので、ここに残しておきますね」

そう言ってまとめたら、元の議題に戻りましょう。

脱線した意見だとしても、本人は「今言わなければ」と考えての発言です。書き留めておくことで、再びの脱線も防ぎやすくなりますし、発言者の気持ちも落ち着くもの。

上手にスペースを活用して、場をコントロールしちゃいましょう。

◉——消さないで！　メモは残して議論に活用

順調にメモをまとめて会議進行。
進めるうちに段々と、書くスペースがなくなってきた。

こういうとき、皆さんはどうしますか？

最初のほうから消していく。
学校の板書では当たり前のこの方法、ビジネスの会議ではあまりお勧めできません。
なぜなら、ホワイトボードメモは単なる「記録」にあらず。議事の進行や、参加者から

図2-4 ミーティング無事終了！消さずに1枚に仕上がるのがベター

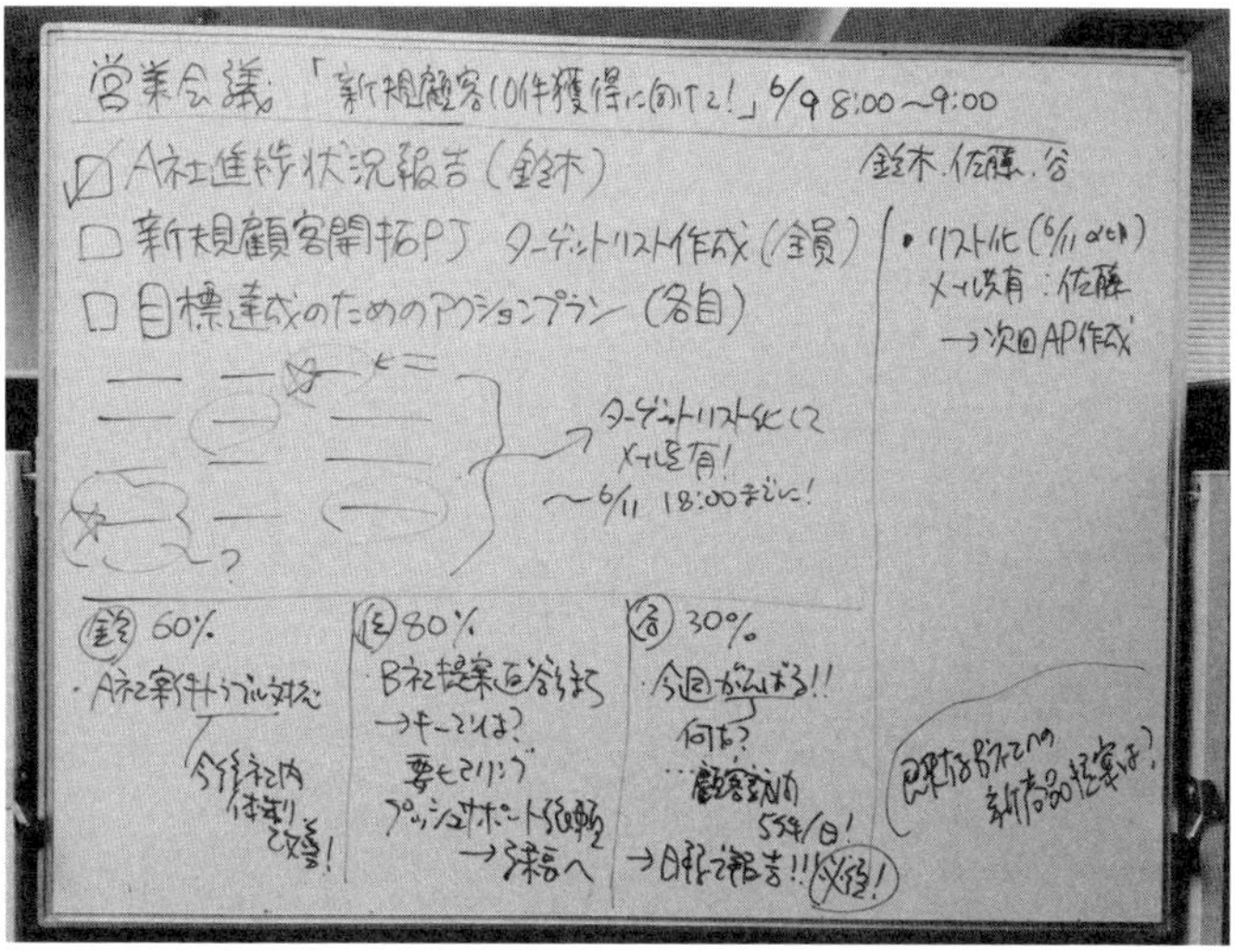
営業会議「新規顧客10件獲得に向けて！」6/9 8:00〜9:00
A社進捗状況報告（鈴木）
新規顧客開拓PJ ターゲットリスト作成（全員）
目標達成のためのアクションプラン（各自）
鈴木、佐藤、谷
・リスト化（6/11 〆切）
メール共有：佐藤
→次回AP作成
ターゲットリスト化して
メール共有！
〜6/11 18:00までに！
60%
80%
30%
今回がんばる!!

の意見を引き出す大切な道具であり、最終的には参加者全員で作るこの場の共同作品だからです。

残すべき部分と消しても大丈夫な部分、その後の進行を考えて取捨選択する必要があります。

何かそれって難しい……。

そうなんです。だからこそ、私がファシリテーターとしてお邪魔するときは、できるだけ複数枚のホワイトボードの準備をお願いしています。

「さっきもご意見出ましたが、……」
「ここに書いてありますように、……」
「そのご意見は、この内容と関連しているということですね？」

と、メモを指しながら進めることで、よりわかりやすく進められます。

会議スペースには、できるだけ複数のホワイトボードを置きましょう。ない場合は模造紙を壁に貼ることでも代用できますし、特大サイズの付箋紙や、静電気でどこにでもくっつくホワイトボードシートも市販されています。模造紙など、会議が終わっても残せるものであれば、次回までそのまま貼っておいて活用することも可能です。

できるなら消さずに済む準備を。もし消す場合は、少なくとも議事ごとに。その場合も、デジカメなどで消す前の記録を撮影、保存しておきましょう。

3 意見や気づき。どんどん引き出す質問のコツ

ミーティングのやり方やホワイトボードの使い方、大体わかったその次は。
目の前のメンバーからもっと意見を引き出していきましょう。

そのためには、**リーダーの「質問力」**が重要です。

知りたい情報を得る。
疑問を解消する。
相手の意思を確認する。
提案やアイデアを募る。

私たちは、相手から情報や意見、答えを得るために質問をします。しかし、ファシリテーティブなリーダーの質問は、そのためだけではありません。**質問が相手に与える様々な効果を活用して、メンバーの能力や気づき、学びを引き出していく**のです。

・質問されたことについて考える
・思い出す
・話す機会を手に入れる
・新しい視点を得る
・発想が広がる
・アイデアが生まれる
・思い込みに気づく
・無知の知を得る

質問されることによって、考えたり思い出したり。私たちの頭の中では、いろんなことが起こります。会議で、ミーティングで、一対一の会話で、この力を使わない手はありません。効果的な質問を活用して、メンバーの力をフルに引き出していきましょう。

リーダーが質問を使いこなすためのポイントは3つ。

・ポジティブな言葉を使う
・相手のレベルに合わせる
・質問はシンプルに

この3点を意識して質問上手になりましょう。

◉ポジティブな言葉を使う

「我が社のサービスの欠点をあげてみて」

「今回の企画、どこが悪かったのかな？」

「なぜうまくいかないんだろう？」

こう聞かれると私たちは、欠点を思い浮かべ、悪かった点を探し、うまくいかない理由を考え始めます。では、こう言い換えるとどうでしょう。

「我が社のサービスの長所をあげてみて」
「今回の企画、良かったところはどこかな？」
「どうやったらうまくいくんだろう？」

これらの質問は、長所を思い浮かべ、良かったところを探し、うまくいく方法を考える。そんな力を持っています。私たちは聞かれたことを聞かれた通りに考えます。相手にポジティブな思考を促したければ、ポジティブな言葉を使うことが肝要です。

でも、欠点や悪い点を知りたい場合はどうしたら？

大切なのは、「欠点や悪い点を知る目的」です。もしもそれが、未来に向けて改善すべきポイントを知るためであれば、「改善点」「もっと良くできそうなところ」など、ちょっと言い換えればＯＫ。

表現にひと工夫した質問で、メンバーの前向きな思考を引き出していきましょう。

◉――相手のレベルに合わせる

冒頭でも触れましたが、質問の目的は大きく分けて2つあります。一つは自分のため。自分が知りたいことを知る、情報収集のためです。もう一つは、相手のため。相手の思考を促し、成長や気づきを引き出すためです。

ファシリテーティブリーダーが意識して活用するのは、「相手のための質問」。メンバーの思考を促し、視点を広げ、新しい気づきや行動を引き出すことで成長させる。そんな質問力を養うために、まずは質問の種類から見ていきましょう。

レベル①YES／NO型質問

はい、いいえで答えられる質問。情報や相手の意思を確認したいときなどに使います。

（例）「あの案件、A社に任せてみるか？」
「今度のミーティングは来週の水曜日でいいかな？」

レベル②選択型質問（which）

選択肢を提示して相手に選ぶことを促す質問。既にある程度条件が揃っているときに使います。

（例）「あの案件、A社とB社どっちに任せたらいい？」

「今度のミーティング、来週水曜日の午後と午前、どっちにする？」

レベル③情報限定型質問（who/where/when）

いつ、どこで、誰がなど、答えの範囲がある程度限定される質問。相手に範囲を絞って考えさせたいときに使います。

（例）「あの案件、どこに任せたらいいと思う？」

「今度のミーティングはいつにするのがいいかな？」

レベル④自由回答型質問（what/how）

範囲も答えも、相手が自由に答えられる質問。発想を限定せず、相手に幅広く考えることを促したいときに使います。

（例）「あの案件、どう進めるのがいいかな？」
「今度のミーティング、どうする？」

このレベル④は、とても自由度の高い質問。どんな答えが返ってくるかは相手次第。自由度が高すぎて、相手の成熟度によっては答えられないことも多いものです。

「うちのチームがもっと良くなるための課題って、何かな？」

この質問を入社5年目のメンバーにするのと、入社して間もない新人にするのとでは意味が違います。しかし、ここで思い出してほしいのは、先にも述べた質問の効果。「質問された ことについて考える」「思い出す」「話す機会を手に入れる」「新しい視点を得る」「発想が広がる」「アイデアが生まれる」「思い込みに気づく」「無知の知を得る」、です。

質問は、思考のスイッチ。質問されることはイコール、そのことについて考え、話す機会を与えられるということです。答えられない自分に気づき、自分の無知にも気づきます。

会議やミーティングの場面だけではありません。メンバーに相談されたときも、すぐにアドバイスする前に、ひと言こう聞いてみてください。

「ちなみに、君はどうしたらいいと思ってる？」

リーダーの意見を伝えるのは、その答えを聞いてからでも遅くありません。メンバーに成長の機会を日々与え続けるために、相手の思考を促す「レベル④自由回答型質問」をぜひ活用してみましょう。

◎――シンプル＆パワフルな定番フレーズ

「どうしたい？」

「原因は何だろう？」

「現状どうなってる？」

「考えられる問題は？」

「心配していることは何？」
「このまま進むとどうなる？」
「目指すべきゴールは？」
「そもそも、この目的は何かな？」

ファシリテーティブなリーダーが持つ定番質問フレーズは、どれもシンプル＆パワフル。私たちは、一度にいろんなことを聞かれても、すぐには処理し切れません。相手に良質な思考の時間を与えるために、**質問はシンプルに、かつ一度に一つだけ**、と意識しましょう。

特に定番に加えてほしいのは、次のシンプルな2つの質問です。

その① 「具体的に言うと？」

私たちは、問題や課題、現状や目標をぼんやりと曖昧に捉えていることが多いもの。「具体的に」と聞かれると、自然と事実や出来事に意識が向きます。なんとなくそう思ってるだけだった、と気づくことも。

「Aくんは、基本やる気ないんですよ」

あるメンバーのやる気がないことを問題だとそのメンバーが思っているなら、それはぜひ改善すべき、とても大切なテーマです。しかし、得てしてこういう台詞は「ただの愚痴」。このまま終わらせては全く意味がありません。こんな台詞にはこう返しましょう。

「そうなんだ。具体的にはAくんの何が問題だと思ってるの?」

こういう愚痴にも近い言葉こそ、「具体的には?」と切り返す。そうすることで、何が問題なのかを意識させ、考えさせて改善思考に導きましょう。愚痴や文句も一つのチャンス。切り返し方を知っていれば、チームの問題解決の機会として活用できるのです。

その②「他には?」

一つの質問には一つの答え。

もしこう思い込んでいるとしたら、多くのチャンスを逃しているかもしれません。目標や課題、アイデアや企画など、まずはたくさん引き出して広げ、その後で優先順位をつけてまとめることが大切です。

質問をして、一つ答えが返ってきたら、「他には？」と聞いて広げましょう。私たちは一つ答えが返ってくると、ついついそこで満足してしまいがち。「他には？」と聞くことで、より深く考えることになりますし、思いもよらない本音が飛び出したりします。最初に出てくる答えは、無難な答えが多いもの。

「他には？」のバリエーション、**「まだある？」「もっとあるでしょ」「一人最低10個出そう」**などの言葉を使って、答えをどんどん引き出しましょう。

日頃から、メンバーに深く広く考えさせる問いを持つことで、チーム全体の思考力は間違いなく上がります。シンプル＆パワフルな質問リストを武器に、チームをファシリテートしていきましょう。

4 結論が出ない理由と出す方法

「結論が出ないミーティングなんて、やっても無駄だ！」

誰しも思っているはずなのに、結論が出ない議論が多いもの。それは一体なぜでしょう。

ちょっとした工夫とやり方で、ミーティングは結論を出せる時間に変わります。

チームやメンバーの問題解決のための効果的なミーティングを始めましょう。

◉――ゴールも決めずにどこいくの？ アウトプットを明確にしよう

議論を始める前に大事なこと。それは、どんな成果を出したいのか明確にしておくことです。

例えば、ミーティングのテーマが「今度のイベントの集客方法について」の場合。集客方法のアイデアをたくさん出すのが目的なのか、実際の集客プランを決め、すぐに取りかかれる状態に持っていくのが目的なのかで、出したい成果は変わります。

アイデア出しが目的であれば、ミーティングのゴールを、例えば「30個のアイデアリストを作る」と設定します。コツは、具体的な数を決めること。明確なゴールは、メンバーの意欲と集中力を引き出し、達成感を生み出します。

すぐに実行できるプラン作りが目的であれば、具体的な日付が入ったスケジュールと実施内容、担当者まで決めることがゴールです。いつまでに誰が何をどこでどんなふうにやるのか。４Ｗ１Ｈ（when/who/what/where/how）を明確にします。

今日のミーティングで出したいアウトプットは何か。まずはそこを明確にしてから議論を始めましょう。

◉――なぜか議論が空回り。チームの向きは揃ってますか？

次回の研修企画についてのミーティング。ミーティングメンバーも揃っている、出したいアウトプットも提示した。万事ＯＫと早速議論を始めます。

しかし、どうも意見がまとまりません。メンバーみんなが思い思いに発言をして、盛り上がるけど方向性がバラバラ。こんなときは、議論するテーマの目的や背景が共有されているかを確認しましょう。

そもそもこの企画の目的は？　この問いの答えが共有されていないと、みんなの向きは揃いません。アイデアを出し合う前に、まずはリーダーがメンバーのベクトルを大まかに揃えておくことが大切です。

研修の目的ひとつとっても、例えば、「特定のスキルを学んでもらうためなのか」「新制度の導入や浸透が目的なのか」「参加者同士の交流を深めたいのか」、その他、対象者の能力や経験、スキル、大体の参加人数、場所、所要時間など、背景情報も共有しましょう。

さらに、クライアントや会社から自分たちが期待されていることは何なのか、目指すべきビジョンは何なのか、チームの存在意義はみんなで共有されているでしょうか。

議論の精度とスピードを上げるためにも、必ず立ち止まって確認しましょう。

◉——必要なデータはありますか？ 始める前に調べておこう

採用について話をしようとしているのに、去年の応募者の数字がわからない。

打ち合わせには、様々なデータが必要です。ささっと調べたらすぐにわかるものから、準備しておかないと出てこないものまで多種多様。ミーティングを思い立ったら、決めるために必要な情報は何なのかをまずはリストアップしましょう。

「このデータを調べておいて。揃ったらミーティングしたいんだけど、どのくらいかかる?」

ミーティング予告と共にこう伝えて、メンバーに準備を促します。

よくあるのは、「○○さんがいないのでわかりません……」というパターン。やることはやっていても、リーダーへの報連相や他のメンバーとの情報共有が少ない。日報やその他事務処理なども滞りがち。そんな状態のメンバーを放置しておくと、チームの様々な仕事が足止めされるようになっていきます。

大切なのは、普段から情報が整理され、共有されていること。
もしそれがちゃんとなされていないなら、まずは普段の情報整理と共有の仕組み構築を。
ミーティングのみならず、ビジネスの効率を上げる大切な取り組みです。

◎——何の話をしてたっけ? 人はホントに忘れやすい

「谷くん、あの現場はどうなってるんだ?」

そう聞かれて始まったはずの上司との会話。気づくとなぜか今度の飲み会の話になっている。そんなことがよくありました。

人の話は脱線しますし、私たちは忘れやすい生き物です（特に私はそうでした）。話しながら、何の話をしていたのかよくわからなくなったり、ついつい盛り上がって現実離れした会話になったり。盛り上がって「じゃあそういうことで！」と終わったはいいけれど、何の話をしてたのか、何が一体決まったのか、わからないでは困ります。

だからこそ、ミーティングの最後には、今話したことは何だったのかを簡単にまとめましょう。**「今決まったことはこれだよね」**と確認することを習慣にすれば、安心して脱線できるというもの。確認しようとして、〆切が決まっていなかった、具体的な作業内容を詰めていなかったなど、いろんなことにも気づきます。

チームミーティングで、メンバーにこの習慣を身につけさせれば、社外とのミーティングでも同じように確認するクセがつくはずです。トラブルも減りミスも減る、いいことづくしの最後のまとめ。ぜひやってみてくださいね。

◉——だって決めても無駄でしょう？ そう思ってたら決まりません

結論が出ない、決まらないミーティング。

実は原因がメンバーの気持ちにある。そういう場合も往々にしてあります。特に、組織の最高責任者、例えば社長や部長が強いトップダウン型の組織で起こりがちです。

「ここで決めてもどうせひっくり返されるでしょ？」

「リーダーはああ言ってますけど、結局は社長の意見が通るんです」

様々な会社にお邪魔して会議にご一緒していると、メンバーからこんな台詞を聞くことも多いのです。もちろん、メンバーの視界とリーダーやトップの視界は違います。トップが出した結論が、みんなで出したものとは違う、そんなことは多々あることです。

問題は、そのことに不満を感じ、「決めても無駄」と思っているメンバーの気持ちです。決めても無駄、そう思っている状態では、決まるものも決まりませんし、前向きな議論になりません。

先日のあるミーティングで、まさにそんなシーンがありました。

「我々の出した提案を理事長はどう考えてるんですか」

リーダーにメンバーから質問が上がります。ミーティングで決めた内容が、どう上層部に伝わり、扱われるのか。リーダーやトップは、どういう考えで何を優先して最終決定するのか。そこを共有していないと、ミーティングの意義がわからなくなってしまうのです。

もし皆さんのチームメンバーが、そんな気持ちになっていると感じるのなら。上層部とのやりとりや最終決定までのプロセスについて、きちんとメンバーと共有し、事前に合意を取っておきましょう。

5

決めたらやろう。メンバーのやる気の引き出し方

やるべきことは決まった。担当も、〆切も決めた。
なのにどうしてやらないんだ……。

リーダーのこんな嘆きをよく聞きます。

ミーティングで決めたことも、実行されなければ意味がありません。実行を促すには、フォローのマネジメントが重要です。人のやる気の仕組みを知って、メンバーのやる気を引き出していきましょう。

次回までが勝負です。相手に合わせたフォローを

やることも担当も決まった。よし、ミーティング終了！

……となる前に。あと一つ、ぜひ決めておいてほしいことがあります。

それは今後の情報共有。報連相の進め方です。ミーティングで決めたことが、必ずなされるというわけではありません（残念なことではありますが）。

メンバーのやる気や業務状態など、実行されない理由は多いもの。決まったことは必ずやる。そういうチームとメンバーにするには、ミーティング後のフォローが重要なポイントです。

そのためには、第1章でご紹介したように、メンバーに合わせた**個別対応**が効果的。

「どうせなら完全に任せてほしい」そう主張するのは、Aさんです。丸投げ仕事ウェルカムで、「あの件、どうなってる？」と聞かれるのが大嫌い。

「任せるんなら信頼してほしい。必要であれば相談するし、必ず仕事はやり遂げる」

Bさんは反論します。

「丸投げ仕事はやる気が出ない。全く声かけしてこないなんて、興味がないってことでしょう?」

どちらの言い分ももっとも。つまり、**同じリーダーのフォローでも、受け取り方はメンバーによって180度違う**ということ。ならば、相手が一番やる気の出る個別対応をしてあげるのが、ファシリテーティブリーダーの務めです。

Aさんのようなタイプは、仕組みで動くことを好みます。ミーティングの最後に、今後の進め方について同意しておきましょう。報連相するタイミングを設定してしまうのもおススメ。仕事だと思えば、きちんとそれまでに進めてきます。

日頃の声かけが効果的なBさんのようなタイプには、「どんな感じ?」と軽くリマインド。「困ってることはない?」と優しく気遣いの言葉をかけるのもおススメです。きちんと気にかけてくれている、そのことがやる気を引き出します。
もし現状がうまくいっていないなら、ぜひ一度試してみてください。メンバーとチームを変える、大きな一歩になるはずです。

◉──誰がやるの？どうやるの？「言ったもん負け」を作らない

ミーティングしながらふとアイデアを思いつき、発言したらみんなにウケた。喜んでいたらリーダーからひと言。

「じゃあ君、担当ね」

やりたくて提案したアイデアならまだしも、ただの思いつきの発言だった場合。この状況は、まさに「言ったもん負け」。実際ミーティングの後に「言うんじゃなかった……」と後悔するメンバーの姿を目撃すること多し、です。

こういう体験を重ねたメンバーが沈黙することを覚え、「やれること」しか発言しなくなり、リーダーが「意見が出ない」と嘆く。そんなチームにしないためにも、アイデア出しと担当者決めは別物として考えましょう。

忙しい職場の場合、進んで担当したがるメンバーは少ないかもしれません。手が一番空いているメンバーにやってもらおう、そんなふうに決めることも多いもの。もちろん、業務量のバランスを考えて仕事を割り振ることも大切です。

しかし、ここで思い出してほしいのは、第1章でお伝えした12のリストの3番目。「毎日最高の仕事をする機会を与えられているか」という問いです。

メンバーにとって最高の仕事とは、千差万別人それぞれ。**既に忙しいメンバーは、たとえやりたい仕事だと思っても、なかなか口には出せないもの。**だからこそ、そう思っているメンバーを見つけ、本人にとって「最高の仕事」をする機会を与えることが、大きなやる気を引き出すことにもつながります。

あなたのチームのメンバーは、どんな仕事をやりたがっていますか。得意な仕事は何ですか。

この問いに答えられるよう、普段からメンバーのデータベースを構築しておきましょう。

◎――それでも実行されないなら？ リーダー主導で仕組み作り

「わかりました、やります」

ため息混じりの低い声。表情は暗くうつむきがち。**メンバーは、どうも納得していない。**

そういう場合、「やると言ったから、やるはずだ」そう思いたいリーダーの気持ちとはウラハラに、大抵のことは実行されません。

「あのときやるって言ったじゃん……」

そんな非難の言葉をかけたくないならば、メンバーの納得感にも目を向けましょう。

メンバーはそれぞれいろんな仕事を抱えています。意識的、無意識的に優先順位をつけ、緊急度の高いものや重要度の高いものから処理します。ということは、緊急でもなく、重要でもないと判断したものは後回しにされるということ。

ある企業では、大量の書類作成が滞っていました。ミーティングの度にリーダーから激が飛び、監査が入るかもしれない、そうなったら大変だと緊急性が説かれます。

リーダーの剣幕に、メンバーは「やります」と言いはしますが取り組みません。なぜなら、彼らにとってより重要で緊急なのは、「現場対応」。書類作成は「いつかやらなければいけない仕事」ではあるものの、今すぐやるべきものとは思えない、しかもできればやりたくない仕事だったのです。

本来であれば毎日処理すべき書類を何日分も溜めてしまったことや、仕事を選り好みする姿勢は大問題ですが、そこを責めても問題は解決しません。

このケースも、結局はリーダー主導で再度日時を決め直し、全員で一気に書類作成を進め、監査までにどうにか処理を終えました。

これは、チームのルールについても同様です。出社時と退社時にはあいさつをする、直行直帰のときは夕方に必ず電話連絡を入れる、日報は必ず一両日中に入力するなど、ちょっとしたことでも、メンバー全員が気持ちよく仕事に取り組むために、守るべきことはいろいろあるはずです。

どうしてもメンバーが自主的にやらない。

納得しているように思えない。

そういう場合は、改めてルールについて議論することも必要かもしれません。

その上で、仕組みと評価で対応しましょう。ときには、トップダウンで仕事を進めることも大切です。

コラム2

遠慮はないけど、なぜか心地よい。これこそ「ファシリ」の極意なり

脳科学者　早稲田大学教授　枝川義邦

面白そうだから、やったらええやん。

谷さんとのコラボセミナーは、この軽いひと言で始まったものでした。今思えば、これも一つのファシリテーションだったのです。

かねてから楽しい人だとは思っていました。しかし、セミナーをご一緒する仲になるとは、自分も含めて誰もそこまでとは思っていなかったはず。「コーチング×脳科学」という、いわば掛け合いトークで進めるタイプのセミナーなんて、自分ひとりで始めようとは努々《ゆめゆめ》思わない企画です。それをなぜか、先の軽いひと言で、背中を押されたかのように、すっと始めることができたのでした。根っからのファシリ体質。そんな言葉が相応しいのが、著者の谷さんです。

コーチングは実践、それに脳科学的な解説をつけてみよう。こんなセミナーの現場では、科学者の持っている引き出しを、ずいずい開けてきます。そこに一切の遠慮はないのに、なぜだか心地よいのです。思いつきで始めたわりには、思いの外、ウケが良い。これがコラボセミナーへの率直な感想です。参加された方々も、お帰りの足取り軽く喜んでいらっしゃる。なぜだろう、と常々思っていました。我が身を振り返ってみて、大学で担当する講義も、わりと学生からのウケが良いようだとは思っていました。そして授業中の笑い声は、たまに少しでいい、と思っていたのでした。

しかし、違うのです。谷さんという人がその場にいると、なぜか、皆がいつも笑顔でいるのです。ファシリテーションがうまくいくと、場の空気感が良くなるだけでなく、話を聞いたり質問されたりした側も、楽しく嬉しくなるのだということが染み入るようにわかります。これが谷さんのセミナーです。その場にいる皆が楽しく、質の高いコミュニケーションが実現する。これぞファシリの極意なり、なのです。この本をお読みの皆さんも実感されているのではないでしょうか。

第3章
ここからが本番！ビジネスを回すファシリテーション

1 ビジネスの成否はファシリテーション次第

前章では、リーダーの皆さんに職場の普段使いとして活用して頂きたい、チーム運営に役立つファシリテーションスキルについて、ざっとご紹介しました。

しかし、皆さんがリーダーシップを発揮することを期待されている場所は、こうした自身のチーム内に留まりません。経営会議や全体会議、部門の定例会議など、組織のより大きなくくりで行われる会議で、進行役やまとめ役を任される人もいるでしょう。

部門や組織の壁を超えて発足した新規プロジェクトのリーダーとして、初対面も含め多種多様なバックグランドを持つメンバーを束ねて結果を出さなければならない人もいるこ

とでしょう。そんなとき、

「また会議？」
「忙しいのに勘弁して」
「出たって無駄なのに……」

もしも毎回、参加者のこんな恨み節を聞きながら、会議を招集しなければならないとしたら……。

どうせなら、**参加してよかった！**と言われる会議にしたいとは思いませんか？

ここからは、「会議」と呼ばれる場を回すテクニックを学んでいきましょう。

◉——集まるのは何のため？ 目的に合わせた設定をしよう

組織単位やプロジェクト単位。ビジネスの現場では様々な会議が日夜招集されています。

多くの人が、貴重な時間を割いて一堂に会す場なのですから、まとめ役や進行役を任されたリーダーはなんとしても時間内にその目的を達成しなくてはなりません。
それには、まず招集する会議の性質を見極めて、それに合わせた設定を行うことが必要です。まずはざっくり、会議の種類を確認しておきましょう。

いろいろな考え方がありますが、例えば、**「決めるか決めないか」「トップダウン型かディスカッション型か」**の2軸で、大きく4つに分けてみます。

①選択集中型（＝ここで今、決めちゃいましょう！）
どれを選ぶか、何をするかなど、決めることが目的です。決めるための情報や、決定権を持った人がいないと始まりません。経営会議や予算会議などが代表的なものです。選択するための情報と決定者が必要不可欠です。

②発散集約型（＝みんなで考えて決めてみようか？）
集まったメンバーで意見やアイデアを出し合い、最終的には何をするかを決めます。テーマとゴールを明確にしないと脱線しがち。引き出してまとめる。まさに、ファシリテー

ティブリーダーの腕の見せ所です。問題解決や、企画立案、ビジョンメイキングなど、様々なテーマで行われます。アイデアの出やすい雰囲気を作り、ホワイトボードなどのツールを上手に活用しましょう。

③発散共有型（＝みんなどんなこと考えてるの？）

メンバーの持っている情報やアイデアを出し合い、新しい発想を得ることが目的です。各自の持っている仕事上の成功体験や失敗事例などを共有することで、暗黙知を共有知にします。ブレインストーミングやワールドカフェなどもここに入ります。ポイントは否定せずにどんどん広げること。②と同じく、発言しやすい雰囲気作りが大切です。この場合も、付箋紙などのツールを使うと便利です。

④情報周知型（＝皆さんにお知らせです！）

既に決まったことや連絡事項を周知するための会議です。情報発信者が決まっており、一方通行で行われることが一般的です。内容によっては、メールや書面で済ませることで、集まる必要がない場合もあります。周知のための配布書類や説明用のスライドなど必要資料を準備します。最後に参加者が理解したかを確認することも大切です。

いかがですか? 皆さんが主催する会議は、どれに当てはまりそうでしょう。

会議を成功させるには、その場の目的を明確にして、フィットする型を決め、それに合った進行をすること。そのためにも、まずは得たい目的をはっきりさせましょう。

◉──「決め方」を決める。独断それとも多数決?

会議の目的が何かを決めることである場合。初めに、決め方を決めておくことが重要です。全員一致を目指すのか、多数決で決めるのか、はたまた最終決定はリーダーの一存によるものなのか……。決め方によって議論の内容も変わります。

どうせリーダーが決めるんでしょ?

多数決なんて納得いかないよ……

決め方に不満を持ったメンバーがいる状態では、決めても遺恨が残りがち。よくある決め方と、それぞれの特徴について整理しておきましょう。

①リーダーの決断（＝責任は私が取る！）

プロジェクトやビジネスの結果責任者はリーダーです。そう考えれば、最終的な決定権をリーダーが持つのは当たり前。決断するのもリーダーの仕事ですから、当然の仕事をしたまでとも言えましょう。しかし、メンバーから不満の声が上がりやすいのもこの決め方。「責任は取る！と言うけれど、失敗して現場で怒られるのは私たち。何だか納得いかないなぁ……」「いろいろ考えて議論もしたけど、本当は最初から決めてたんでしょ？」

これらの発言の根っこにあるのは、メンバーが感じているリーダーとの距離感。現場の苦労をわかってない。結局自分たちの意見を聞く気がない。そんなふうにメンバーが考えているならば、会議の場で何を言っても響きません。大切なのは日頃のやりとり。**メンバーとの信頼関係が試される瞬間**です。

とは言え、会議の場で打つ手が全くないわけではありません。決断はリーダーがするつもりなら、最初にその旨をきちんと伝えておきましょう。ここでのディスカッションが、決断にどういう影響を与えるのか、リーダーが決めるときに重視するポイントは何なのか。ディスカッションの「意義」や「影響」を伝えておくことで、みんながこの時間を意味あるものにすることができます。

②多数決（＝多いほうに決めようね！）

気楽に選びがちなこの決め方。実は大きなリスクを持つ決め方です。多数決で決めるイコール、少数派の意見を採用しないということ。そして、立場や意見に関係なく、一票の重みがみんな同じになるということです。意見が割れて僅差で決まることもあり、決まった後に議論が必要になったりもします。

また、メンバー全員に自分の意見をハッキリ決めさせるということでもあります。みんながみんな、会議で初めて聞いた議題について、時間内に自分なりに納得のいく結論を出せるわけではありません。やはりきちんと考える時間、各意見を理解する時間が必要です。

日程決めなどの場合は、必ず参加してほしいメンバーの都合を先に聞いて候補日を設定しておく。各意見のメリット、デメリットを明確にして、参加者がきちんと選べる状態にした上で決を採る。決を採ったら、その場の結論に必ず従う。

多数決を選ぶなら、**事前の根回しを含め、決を採るまでの議論のデザイン**をきちんとしておきましょう。

③一定の基準で評価（＝これなら、実現できるはず！）

みんなでワイワイアイデア出し。議論は楽しく盛り上がります。

「こんなのできたら楽しいよね！」

本当に。ではどうやって進めましょう。たくさん出たアイデアを絞るには、何らかの軸が必要です。私のファシリテーションの師匠であり、多くの企業の顧問を務める本山雅英さんが教えてくださったのは、**「効果性」と「実現性」の2つの視点。**

ビジネスシーンでの決定事項は何であれ、自社のビジネスに「効果」を発揮する内容でなければなりません。そして、決めたところで「実現」できなければ意味がありません。このことに異を唱える参加者は少ないのではないでしょうか。

進め方は簡単です。まずは議題についての意見を出します。みんなが口々に意見を言っても分析できませんから、意見を付箋に書く、ホワイトボードで共有するなど、きちんと見える化しておきましょう。それぞれの意見について、効果性と実現性をA（高い）B（まあまあ）Ｃ（低い）で分析します。みんなが効果が高いと考え、かつ実現性が高いと思うなら、採用する価値が高いということ。

私たちは、それぞれが何かを選ぶための基準を持っています。人はみんな違うもの。だからこそ、まずはその基準を揃えて議論しましょう。そうすれば、効果の高い、実現性のある結論が引き出されるのです。

◉——呼んだ理由を伝えよう。メンバーの参加意識を高める

「僕、参加しなくてよかったんじゃないですか？」

ＩＴ企業の営業だった頃、客先での会議を終えての帰り道。一緒に参加していた制作担当から言われた言葉です。参加して当たり前、と思っていた私には衝撃のひと言でした。

制作は社内で作るのが仕事、打ち合わせは営業の仕事。彼がそう思っていたことに気づ

いてからは、会議への参加を、理由を添えて依頼するようになりました。

人は期待され、納得して動きます。**どんなことをそのメンバーに期待しているのか、なぜこの会議に呼んだのか、**きちんと言葉にして伝えることで、初めて参加意識が芽生えます。

「どうしてこの場に呼ばれたんだろう……」。そう思いながら参加させられる会議は、忙しいメンバーにとって罰ゲームのようなもの。積極的な参加は望めません。

なお、会議には必要なメンバーだけを招集するようにしましょう。場合によっては、関係者数名で集まって話を詰め、後日、他のメンバーにはメール周知で事足りる、そんなケースもあるはずです。

⊙――レイアウトにひと工夫。机の配置で雰囲気作り

皆さんは、人前で話すとき、緊張しますか？

多くの人は、緊張すると答えます。では、何人くらいいると緊張するのでしょうか。

4人くらいなら大丈夫という方が多く、それより多くなってくると、段々緊張度が増すようです。ましてや、これが顔なじみのチームではなく、他部署や組織外、初対面の人など、多様な顔ぶれの会議ともなれば、緊張度は増すばかり。

参加者みんなにリラックスして発言してほしいなら、緊張させない場作りが大切です。会議というと四角く机を並べて、みんながぐるっと周りに座る「ロの字型」が一般的ですが、発言者一人に全員の視線が集まるこのスタイルは、なかなかリラックスしにくい配置です。

私が以前勤めていた会社の全社会議もこのスタイルでした。約30人の社員全員が、ぐるっと机を囲みます。上座から社長、役員が座り、あとはグループごとに並んで着席。普段からよく知っているメンバー同士ではあっても、みんな発言は固く、常に一方通行。今振り返ると、もっと違ったやり方があったなぁと思います。

会議室のレイアウト、代表的なものをいくつかご紹介しておきましょう。

図3-1 代表的な机の配置例

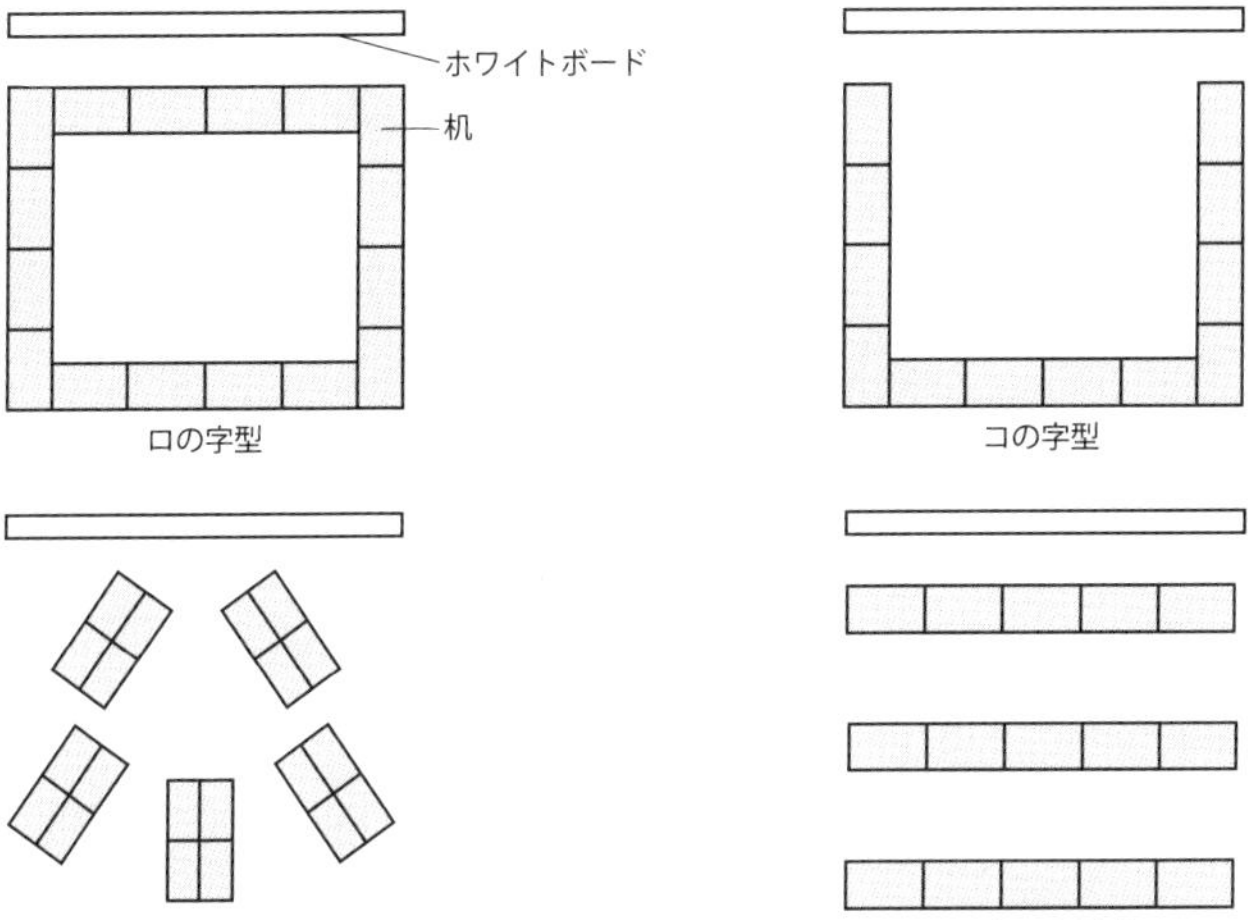

【ロの字型】

先述したように、一般的な会議でよく使われるレイアウトです。全員の顔が見渡せるため、誰もが発言者になれます。ただし、あまり人数が多いと四角が大きく遠くなりがち。また、真ん中に空間を取るため、広い部屋が必要になります。

【コの字型】

コの字を描くように、三方に机を配置します。ロの字と同じく全員が見渡せますが、違うのは、話者が真ん中のスペースに入り込めること。中に入って一人一人に語りかけることもできるので、話者と話を聞く参加者が対話しやすく、動きを作りやすい配置です。

【島型】

4人～6人程度のグループを、会場内に配置するレイアウトです。人数は多いけれども対話を活発にしたい、そんな場合に適しています。島は、正面を中心として放射状に配置しましょう。そうすることで、全体をばらつかせず、統一感を作ることができます。

【スクール形式】

学校の教室のように、みんなが正面を向いている配置です。みんなが同じ方向を向いているので、情報周知型の場合に適しています。これを変化させたのが、参加者が孤を描いて座る「馬蹄型」。真横に座るよりも参加者同士で顔が見やすいので、会場の一体感が生まれます。

いつもと違う配置を選べば、会議室に入ってきた瞬間、「今日はいつもと違うぞ」と参加者の意識も変わります。会議の目的や人数によって、適切な配置を選びましょう。

◉——タバコにトイレに電話にメール。集中できない、いろんな理由

ブブブブブ、ブブブブブ……。

会議室のそこかしこで響く音。携帯を眺めてそわそわしているメンバー。会議に参加していても、現場はもちろん動いています。

とは言え、電話が鳴る度に中座されては、会議もスムーズに進みません。何時間にも及ぶ長い会議には、適当なタイミングでの休憩が必要です。休憩なしで進められるのは、**長くても2時間が限度。**それ以上になる場合は、最初に休憩時間を設定しておきましょう。

ポイントは、おおよその休憩時間を伝えておくこと。そして、そのことへの同意を得ておくことです。

「前後するかもしれませんが、大体○時くらいに、15分くらいの休憩を入れます。それでよろしいですか？」
「この時計で○時になったら始めます」

営業など、顧客や外部の人とのやりとりが多いメンバーも、会議の最初におおよその休憩時間を伝えておけば、安心して議論に集中できます。見る時計も一つに決めておけば、個人の時計のズレに左右されず、会議の空気をピシッとメリハリある状態にキープできます。

他にも、タバコ、トイレ、空腹など、集中できなくなる理由はいろいろ。時間帯によっては、飴やクッキーなど、ちょっとしたおやつを準備することも効果的です。小さなことではありますが、メンバーの集中を削ぐ原因を排除して、実りある時間を作りましょう。

2 初対面だらけの会議。大づかみに相手を見極める

あの人こっちをにらんでる。何か粗相があったかなぁ。
何を聞いても「いいえ、特に」。そのわりに、賛成してるとは思えない。

他部署も交えたプロジェクトや、複数の会社が集まってのイベントなど、初対面のメンバーが集まって進める会議も多いもの。普段の様子が見えない分、どんな人だかつかみにくく、どう対応すればよいかわからない。そんな悩みもよく聞きます。

人はみんな違うもの。まさに千差万別ではありますが、1000通りの対応を用意するのも現実的ではありません。ざっくりと大きな傾向を知っていれば、対応も随分しやすく

なるはずです。

ここでは、初対面や、苦手な人へのコミュニケーションに応用できる**「ソーシャルスタイル理論」**をご紹介します。

◉——みんな違ってみんないい。4つの「ソーシャルスタイル」

そもそも、どんなコミュニケーションを好むか、というのは人それぞれ。その違いを、自己主張と感情表出の度合いを元に4つに分類したのが、一八六八年に提唱されたソーシャルスタイル理論です。順に見ていきましょう。

タイプ①ドライビング（自己主張：高／感情表出：低）

丸投げ大好き。「黙って俺についてこい」

生まれついてのリーダー傾向。完璧主義であることも多い。
自分で判断、決断、行動したい。質問されること、褒められることが好きではない。
引き出すコツは、「教えてくれる？」

【特徴】

人からああしろ、こうしろと言われるのが一番嫌い。中小企業のオーナー経営者、個人経営のお医者さん、大企業の幹部クラスに非常に多いタイプです。

判断力があり、また、スピーディーな対応を好むので、全体的に「仕事ができる」タイプとも言えます。普段からリーダーシップを発揮する（もしくは発揮したがる）タイプですが、特に緊急時の対応を素早く行うことができます。

優柔不断を嫌い、相互の意見を戦わせて関係を深めることを好みます。衝突を恐れず、目上の人への意見もハッキリと。過程よりも成果を重視し、ときに完璧主義であることもあります。

人を褒めたり、感情を外に出すことが苦手（必要と思っていない？）です。ビジネスと人情とを秤にかけると、ドライにビジネスを優先させる傾向があります。

【見分け方】

基本的に口調は早く、論理的にしゃべるタイプです。口数が多いタイプと少ないタイプと両方いますが、どちらであっても、自己主張はしっかりとします。計画を立てることも実行することも得意ですが、横からの口出しには強く反発する傾向があります。

表情はキツく、一般的に「怖い」印象を与えることが多いでしょう。相手に感情を読み取らせせないポーカーフェイスも得意です。

【効果的な対応】

とにかく立てる。具体的には「教えてほしい」という対応がベターです。

特にこのタイプには、説明や連絡をきちんと。その際も、まずは結論から伝えて、できるだけ短く、を意識しましょう。

仕事の意義と目的をきちんと伝えた上で、全てを任せるとやる気を発揮します。報告もこちらから頻繁に確認するのではなく、日時を決めた上で相手に任せると効果的です。ただし、お互いの役割や責任の所在については、最初にしっかりと伝え、納得させてから任せましょう。

【効果的な質問例】

「あなたならどうしますか？」
「意見をぜひ聞かせてください」
「あなたの計画を教えてくれませんか？」

タイプ②エクスプレッシブ（自己主張：高／感情表出：高）

楽しく行こうぜ！「みんな、盛り上がってる？」

場を盛り上げるムードメーカー。お調子者で人気者。飽きっぽく忘れっぽいのが玉にキズ。楽しいことが大好き。ノリと勢いが身上。褒められること、アイデアを出すことが大好き。引き出すコツは、「いいねー‼」

【特徴】

楽しいことが大好き！　基本的に人懐っこく、表情は豊かで自己主張も「無邪気に」行います。営業職、販売、サービス業など、人と接する仕事を好み、企画や提案などアイデアを出す仕事も苦になりません。

事業やプロジェクトを立ち上げることも得意ですが、継続することは苦手。計画を立てるのも実行するのも苦手なので、行き当たりばったりに進む傾向があります。周りは不安を感じますが、同時に「あの人なら何とかなるか」と思わせる雰囲気も持っています。

基本的には楽天的で、自分のことを話すことが大好き。調子に乗りすぎると羽目をはずすタイプでもあります。

【見分け方】

基本的に口調は早く、テンポよくしゃべるタイプです。人前でしゃべることはあまり苦になりません。口数が多く、擬音語や擬態語を多用します。身振り手振りも大きく、表情も豊か。ただ、相手を楽しませたいという想いが強く、ときに話が大げさになりがちです。

面白い人、楽しい人、という印象ですが、行きすぎると軽い人、とも言えます。表情を隠すことが苦手なので、ときに子どもっぽい表情や行動をとります。

【効果的な対応】

会話を楽しむこと、これに尽きます。「それで、それで?」「うんうん!」「へェ〜‼」など、大げさな反応を喜び、どんどん話が弾みます。会話を止めたいときや静かにしてほしいときには、率直に伝えましょう。あまり深く傷つくほうではないので、ときに叱ることも効果的です。プロジェクトや仕事を任されることも大好きですが、細かなやり方を指示され、その通りにやる仕事にはあまり力を発揮しません。

このタイプの人は、聞いた話をよく忘れます。安請け合いする傾向もあるので、リスクマネジメントはきちんと行いましょう。また、曖昧なアイデアは批判するのではなく、具体的に実行するためのサポートを行うと喜びます。

また、基本的に飽きっぽく、忘れっぽいので(しかもあまり罪悪感を感じない)、確実にやってほしい仕事については、確実にチェックすることが必要です。ムードメーカーとして頼りにされるとやる気を出します。

【効果的な質問例】

「どう思いますか?」

「何か意見ありませんか?」

「どうしたいですか?」

タイプ③エミアブル（自己主張：低／感情表出：高）

平和が一番。「皆さんのお陰です」

縁の下の力持ち。いつもニコニコ、困っていても言えなくて、頼まれ事は断れず。仲がいいのが心地よい。リーダーにされるのホントは困るんです……。

頼まれたらイヤと言えず、実は困っている人も多い。

引き出すコツは、「いつもありがとう」


【特徴】

みんなと仲良くしたいという欲求が強く、困っている人を見過ごせません。頼られるとNOと言えず、毎日毎日人の仕事のせいで残業が続く……ということもあるタイプです。

看護助手や衛生士、事務方やサポートセンター勤務など、人のサポートをする仕事についている人も多く、ボランティア精神も旺盛です。

基本的に表情は優しく、いつも穏やかな笑顔を浮かべて「癒し系」だと言われることも多いでしょう。自分の意見を通すよりも、みんなの意見を尊重すること、「和」を重視するので、リーダーとしての仕事は苦手です。

【見分け方】

基本的に口調はゆっくり、穏やかにしゃべるタイプです。人前でしゃべることは苦手で、どう見られているか不安になり、ものすごく緊張します。相手の話もよく聞き、よくうなずきます。頼りにされたり、ものを頼まれると基本的にはNOと言いません。褒められると謙遜するタイプでもあります。

【効果的な対応】

感謝の気持ちを伝えること。このタイプは周囲からどう見られているか、自分はここに必要か、ということを常に気にする傾向があります。「あなたはここに必要だ」「いてくれて助かった」「ありがとう」という言葉を栄養に、どんどん成長します。ストレートな会話は苦手なので、ストレスやプレッシャーをかけられた状態で意見を求められると、自分の本当の意見ではなく、周囲が期待している意見を口にする傾向があります。特に本音を聞きたいときには、できるだけ穏やかににこやかに対応しましょう。

このタイプは、一見すると「頼りない」という印象を与えがちですが、気配り目配りは得意なタイプなので、そういった点を認めた上で（もちろんその気持ちを言葉と態度で伝えつつ）、手助けをそっと行いましょう。

また、仕事を丸ごと任され、放っておかれることに不安を感じがちです。任せるときは、定期的に声をかけ、相談に乗りましょう。その際も、ねぎらいの言葉が欠かせません。

【効果的な質問例】

「いつも助かります。この件について本音を聞きたいんですが、ちょっといいですか？」

「この間はありがとうございます。今度も助けてほしいんですが、率直な意見を聞かせてもらえますか？」

「みんなの意見を聞きたいんですが、このアイデアについてどう思いますか？」

タイプ④アナリティカル（自己主張：低／感情表出：低）

正確さを大切に。「調べてからお返事します」

職人、技術者、研究者。分析、ルーティン大好物。コツコツ積み上げるのも苦にならず。

正確さが身上。曖昧なことしかわからないなら発言しない。

質問の意図と目的は明確に。

引き出すコツは、「今度の会議までにまとめておいて」


【特徴】

いつも冷静、正確に分析したいタイプです。研究職、職人、製造業、アナリストなど、数字を扱う仕事やコツコツと続ける仕事、正確さを求められる仕事が得意です。逆に、新しいアイデアを出したり、場を盛り上げることは苦手と言えます。計画を立てることが得意で、そのために資料を集めたり、分析したりすることを苦にしません。ただ、行動は慎重で、立てた計画は実行する前にとことん検討します（だから仕事への取りかかりが遅かったりもします）。めどが立つ前に「何とかなるか」と取り組んだりはしません。

自分の意見を伝えるときも、できるだけ正確に「正しい答え」を出したがる傾向があるので、総じて意見は少なめ。ただ、相手の意見を分析して、鋭く現実的な発言をすることもあります。ただし、人前での発言ではなく、若干斜に構え、「ぼそっと」言う傾向があります。自分の意見や存在がチームにどう影響しているか、どう扱われるかということさえも冷静に分析しているのです（どうせ言っても無駄と感じている可能性も）。

【見分け方】

基本的に口調は遅く、口数が少ないタイプです。特に話し始めに時間がかかりがち。質問をしてから答えるまでの間が長いのも特徴です。ＹＥＳ／ＮＯで答えるタイプの質問には、本当に「ＹＥＳ／ＮＯ」で答えます。

表情や身振り手振りはあまり豊かではなく、意見も言わないことが多いため、「何を考えているのかよくわからない」と思われがち。自分自身についても、あまり語りたがりません。

【効果的な対応】

時間をしっかり取って、具体的な話をしましょう。意見を求めるときは、考える時間をきちんと与えることが重要です。会議で意見を聞きたければ、できれば前日までに質問を伝えておくと、当日までにしっかりと準備をして参加します。

その際の質問はできるだけ具体的に。何を聞かれているのか、どんな意見を求められているのか、そしてその理由は？といった点が理解できないと意見を言いたがりません。一度話し出したら、途中で話を止めず、最後まできちんと聞き切りましょう。

また、このタイプは、細かいデータに基づいた報告を好みます。計画や手順もきちんと伝えましょう。その部分をきちんと押さえている、と信頼されることが重要です。

指示するときも具体的に。そして、正確さを大切にしているので、ギリギリで適当に片付けるような仕事は基本的に苦手です。

なお、言われたことも言ったことも結構覚えているので、いい加減な対応を嫌う傾向があります。情報整理や管理等は得意分野なので、意見を尊重しつつ任せるとやる気を出します。

【効果的な質問例】

「このプロジェクトは現状こういう状態ですが、○○な状態にするためにいい方法を考えてもらえませんか？　来週の会議で聞かせてください」

「今月の営業目標に対して、今はどんな状況？　顧客分析の結果を後で教えてください」

「これから我が社はこうしていく予定だが、うちで働く人として意見を聞かせてください」

「○○についてはどう思います？　今度時間を取るのでお話を聞かせてください」

◉──優劣はなし。それぞれの強みをとことん活かす

いかがでしたか？

ご自身、そして参加者の傾向をチェックしてみましょう。苦手だなぁと思っている相手にうまく対応するためのヒントもきっと見つかります。

もちろんこれは、どのタイプがいいという優劣をつけるものではありません。

大切なのは、メンバーの傾向を知り、それぞれの強みを理解して活かすこと。個の集合

体であるチームの力を引き出すために先人が見つけた、コミュニケーションの知恵なのです。これ以外にも、年齢や性別、組織やその仕事においての立場や役割、育ってきた環境、経験、価値観など、人は多くの違いを持っています。

私たちは、自分とやり方が違ったり、考え方が違うとつい、「あの人は間違えている」と決めつけがちです。しかし、違う視点から見てみると、それは単に「違う」だけだったりします。

違いを間違いだ、とするのではなく、個性だと認識して活かすこと。

ファシリテーティブリーダーに必要なのは、どんなときも**メンバーの違いを歓迎し、そこからより良いものを生み出そうとするマインド**なのです。

3 対話はこうして生み出そう。声かけ仕かけできっかけ作り

数年前、米国サンノゼで開催されたコーチングの国際フォーラムに参加したときのこと。数百人はいるであろう会場で、スピーカーが会場に語りかけた途端に挙がる、手、手、手！　私が普段体験している日本での会議や研修とは全く違う積極的な参加者の発言に、ただただ圧倒されました。

会場内に数十人はいたはずの日本人からの発言はゼロ。それが何だかとても悔しくて、3日目の最終日、大してしゃべれもしないのに挙手（笑）。しどろもどろで発言して拍手してもらったことをよく覚えています。

しかし、普通の会議ではこんなふうに、どんどん意見が出ないもの。
「何か意見はありませんか？」と聞く以外にできることをお伝えします。

◎――最初の発言誰にする？ 指名するのもアリ

介護事務所の定例会議。いつもの議題にプラスして、最近起こった利用者トラブルについても話し合います。トラブルは何か、どう対応したのか。こういった内容を、担当者から説明します。では、原因は何か、そこから学んだことは何か、今後に向けての改善など、そんな意見は誰から引き出したいですか？

発言を引き出すには、いろんなやり方があります。

・「何か意見のある方？」と挙手を促す
・「○○さん、どう思いますか？」と指名する
・「全員ひと言ずつお願いします」と順番に回す
・担当者に「誰の意見を聞きたい？」と指名させる

「いつも決まった人しか発言しない……」そう嘆く前に、内容に応じて、適切な発言者は誰かを考えておきましょう。内容によっては、会議前に**「指名しますね」**とひと言伝えておいたほうがよい場合も。

発言しなければいけないと思えば、会議の内容への関心も増します。全員に発言してもらうのであれば、**「後で全員にご意見頂きますね」**とひと言最初に伝えましょう。

この介護事務所のケースでは、「何か意見のある人？」と聞くと、必ず手を挙げるＡさんがいました。良い意見をくださるのでそのままでもよかったのですが、それでは他のメンバーが受け身なまま。

そこで、**「Ａさん、どなたの意見を聞きたいですか？」**と発言後に別の人を指名してもらうことに。結果、多様な意見が出るようになっただけでなく、Ａさんの周りのメンバーの業務への関心が高まり、他の人たちの会議への参加姿勢も変わりました。

発言者を誰にするか。

メンバーを受け身にしない、大事なポイントです。

◉——メンバーのこんなしぐさに気づいたら

会議室に座っているメンバー。よく観察してみると、いろんなことが見えてきます。

寝てるのかと思っていたら、突然身を乗り出して聞き始めた。

3つ目の議題に入った途端、資料を手に取って読み出した。

身を乗り出したり、資料を手に取ったりするのは、興味や疑問を持ったときによく見るしぐさです。「目は口ほどにモノを言う」ということわざもありますが、私たちの態度や表情には、思っていることが結構出ているもの。参加者をよく観察して、発言したがっている人を見つけましょう。そう思って観察していると、いろんな様子が見えてきます。

・発表者の意見を聞いて、疲れたように小さなため息をついた
（→絶対とは言いませんが、反対意見がありそうです）

・何だか落ち着きなく、周りをチラチラ見始めた
（↓もしかしたら何か言いたいことがあるのかも）

こういう人たちに気づいたら、名指しで質問してみましょう。

「○○さん、もしかして何かご意見があったら、ぜひお願いします」

適当に指名して意見を求めるよりも、きっと発言を引き出せる確率が上がります。
そのために、まずはメンバーの様子をよく見ることから始めましょう。

◉――居眠りおしゃべり。「困ったさん」への対処法

隣の人とヒソヒソおしゃべり
何かひと言文句をつけずにいられない
どうも居眠りしてるみたい……

会議では、様々な「困ったさん」が存在します。皆さんなら、どう対応しますか？「困ったさん」への対応は、会議のルールを徹底し、進行を見直す貴重なチャンス。対応後にどんな空気を作りたいかを意識して、うまーくこの機会を活用してしまいましょう。

①おしゃべりが止まらない

参加者の私語で困るのは、大学での講義も同じ。チャイムが鳴ろうがお構いなしで、隣の友人とのおしゃべりが続きます。しばらく待ってもやむ気配なく仕方なく、そのまま講義を進める先生もいらっしゃいます。

短気な私は我慢できず（笑）、必ずおしゃべりをやめさせて、静かになってから講義を始めます。もちろんたまにガツンと厳しく叱ることもありますが、実際には、目線と簡単な声かけで止まることも多いもの。以下、会議でも使えるコツ、お伝えします。

まずはおしゃべりをしている人たちに目線を送りましょう。じーっと見つめていると、気配で相手が気づくことも。相手が気づかない、それでも止まらない場合は、**「何かご質問がありますか？　何でも聞いてくださいね」**と軽い口調で聞いてみます。

実際にわからないことがあって、隣り同士で確認している場合もありますし、そうでなければ、これで止まることも多いのです。「ないです」と返ってきたら、**「そうですか、よかったです」**とにこやかに。

もしもそれでも止まらない場合。直接何らかの働きかけを行うことになりますが、人前で注意されることでプライドを傷つけられたと思う人もたくさんいます。そのまま放置しても大丈夫なら、休憩時間に注意しましょう。

仕方なく、みんなの前で注意する場合。私がよく使うのはユーモアにしてしまう方法です。

「聞こえてますかー？　今はお話を聞く時間ですよー」
「○○さん、声が大きくて内緒話になってません（笑）！」

など、相手の個性と周りの空気を読みながら声をかけます。

そんな芸風持ってないよ！　そう思うなら（よく言われます（笑））、最初に「他人の発言をしっかり聞く」というルールを設定しておきましょう。

「おしゃべりをやめてください」ではなくて、**「すみませんが、発言を聞いてもらえますか？」と掲示したルールを指差しながらお願いしましょう。**お願いする、というのがポイントです。それで静かに黙ってくれたなら、「ありがとうございます」と協力へのお礼を伝えましょう。

そして、そのとき意識したいのは、明るく聞こえる声のトーンや表情です。

私たちは、言葉そのものよりも人の表情や声に影響を受けるもの。自分の表情や声を普段から意識しコントロールすることで、場への影響力を鍛えておきましょう。

②否定的な発言ばかりする

あれやこれやと文句をつけずにいられない。そういう人はどこにでもいます。

悪意を持って議論を止めようとしている場合は別ですが、周りにとっては文句でも、本人にとっては「言うべきこと」。立場が上の方の場合もありますから、みんなの前で指摘して、プライドを刺激するのは得策ではありません。

たとえ否定的な意見でも、単なる文句にしか思えなくても、まずは発言への感謝を伝えましょう。みんなに伝わっていないと感じると長くなりますから、意見をまとめてホワイトボードに記録しておくことも大切です。

そして、こういう場合の対応でぜひおススメしたいのは、**休憩時間の活用**です。

休憩時間に意見の意図をしっかり聞いておく。

意見に加えて代案についても聞いてみる。

会議で否定的な意見が全く出ないのも問題です。違う意見を出してくれていることへの価値を認め、その上で議論を前向きに進めるにはどうしたらいいかのアイデアも聞いてみましょう。

会議の度に、また普段から、こういう対応を続けていると、段々相手の態度も変わってきます。関係性を作るのは、普段のコミュニケーションから。イヤだなぁと排除するのではなく、上手に巻き込んで活躍してもらいましょう。

③居眠り、内職。参加意識が薄い

「そこ！　起きて話を聞きなさい！」。全社会議の社長の講話、疲れもあってかついつい居眠り。社長直々に注意された経験を持つ私としては、この件あまり大きな顔で語れません。どちらかと言えば、居眠りしたり内職したりするのは、私のように集中力の切れやすい人。逆に言えば、**集中を切らさない進行にする**ことで、居眠りも内職も防げるということです。

・ただ話を聞くだけの時間はできるだけ短くする（できれば15分以内）
・情報提供の前後にディスカッションの時間を入れる
・資料はメンバーに音読してもらい、受け身の時間を作らない
・時間帯を工夫する

・休憩時間をこまめに入れる
・体を動かす時間を取る
・移動を促す

など、できることはたくさんあります。

内職に関しては、議題に自分は関係ないと思っている可能性もありますし、単に「ながら作業」が当たり前になっているのかもしれません。いずれの場合も、参加者の見直しや進行の工夫をした上で、ＰＣ持ち込み禁止をルール化するのも一案です。

◉沈黙は金。静かな時間が意見を生む

「何か意見はありませんか？」

こう聞いて、続く沈黙の重いこと……。しかし参加者から発言を引き出すには、効果的に沈黙の時間を作ることも必要です。

「この件について、皆さんのご意見をお聞かせください」

参加者に質問したら、しばし沈黙の時間を取りましょう。

質問の内容に応じて数十秒から数分間。ただ黙ってしまうと、みんなにとってもツラいですから、**「考える時間を1分程取りますね」**など、声かけをして時間を区切ってみてください。例えばそのまま、休憩時間にしてしまうのも一つの方法です。

会議に参加していてよく出会うのは、質問者がひたすら説明をしゃべり続けるシーン。「例えばこんなご意見があるかもしれません」「こんなアイデアもいいですね」など、参加者にヒントを与えるつもりもあってかダラダラと質問の意図をしゃべります。これでは各自が自分の思考と向き合うことができません。

良質な意見は、良質な思考から。そのためには静かな時間が必要です。

メンバーに考える時間を提供して、意見を出してもらいましょう。

◉———ホントにわかった？ みんなで最後の振り返り

いろいろな議題を話し合って会議終了。最後にみんなに疑問がないか確認したい。そんなときには、会議内容を振り返るための時間を取りましょう。

私がお手伝いしたイベントの実行委員会。搬入の仕方や注意事項など、事務局担当から伝えたいことが盛りだくさん。資料にまとめて参加者に配布、読みながら説明します。説明を終えて「質問はありませんか？」と聞いてみても、誰からも手は挙がりません。

よかった、みんなわかってくれた。

残念。そうではありません。説明を聞いた直後は、「何がわかってないのかわからない」状態。きちんとみんなに理解してもらうには、情報を消化吸収する時間が必要です。このときは、説明した後に参加者同士の対話の時間を取りました。

「今説明したことについて疑問点がないかどうか、隣の人と確認してみてください」

こう呼びかけて数分後。たくさんのメンバーから手が挙がり、質問や確認が相次ぎました。もしあのまま会議を終えていたら、イベント当日のトラブルが増えていたかもしれません。

個人で資料を見返す時間を取るのでもよいのですが、おススメは、やはり対話の時間を設けること。一人では気づかないことでも、誰かと話すと気づいたりします。

会議終了後の問い合わせも減りますから、ぜひやってみてください。

4 質も量も欲張りに！アイデア出しのブレインストーミング

アイデア出し？

よーし、ブレストやってみよう！

アイデアを出す手法として、いろんなところで実施されるブレインストーミング。

「判断しない」「結論を出そうとしない」「変な意見大歓迎」「質より量を重視する」、そして出たアイデアを掛け合わせる。

こういったルールを守ってワイガヤすれば、良いアイデアが引き出される。

……と思いきや。

なかなかアイデアが広がらない、どうも無難な話にしかならない。
そんな体験はありませんか？

安易なブレスト、ご用心

ある建設会社で企画中の分譲マンション。みんなが買いたくなるマンションを作ろうとプロジェクトチームでブレストです。1階にステキなお店があるといいよね、パン屋さんやクリーニングも便利かも、など、様々な意見が飛び交います。

ブレストを終え、今度は入居ターゲット世代を数人集めて座談会。1階にどんな店舗があるといいですか？の質問に、「そもそもお店が入ってるのはイヤです」と、主催者一同ビックリな答えが返ってきました。

不特定多数の人が入ってくる、そのリスクのほうが便利さよりもずっと大きい。言われてみれば確かに！の視点に、メンバーだけでは気づけませんでした。

ブレストは、確かに優れた手法です。しかし、本来押さえておくべき重要ポイントを外しては、成果が出ないのも事実です。

・何についてブレストするのか
・どんなメンバーを選ぶのか
・どのようにメンバーからアイデアを引き出すのか

特に大切なこれら3つのポイントをご紹介します。

ブレストのコツ①テーマを決める

まずはテーマ。ここであまりに漠然としたテーマを設定したのでは、みんなの意見がバラバラになりがち。ある程度的を絞ったテーマをしっかり設定しましょう。

設定したら、テーマに関する資料や情報の提供を行います。テーマへの理解も深まりますし、何も知らないよりも具体的な議論になります。もちろん、情報提供の時間は短めに。

どさっと資料を渡すなら、事前課題として渡しましょう。

ブレストのコツ②メンバーを選ぶ

次に、メンバー。例えば新商品のアイデア出しをしようと思っているとき、広告のアイデアを出したいとき。プロジェクトチームのメンバーに加えて、必要なのは専門家や顧客サイドのメンバーです。

私たちは、自分が知らないことは口にできません。違う視点を持ったメンバーのアイデアを聞くことで、「そんな視点があったのか！」と視野がぐんと広がることも。

また反対に、素人だからこその柔軟な意見に、専門家の意見が掛け算されて、思いもよらないアイデアが生まれることも。

そのためには、どんなアイデアも歓迎するブレストのルールを遵守する姿勢が必要です。対等な立場でお互いを刺激し合う。そのために必要な人選をきっちり考えましょう。

ブレストのコツ③発言前に20～30分

そして最後に忘れてはならないのが、メンバーのシャイさ、謙虚さです。「自由に言っていいよ」と言われても、どうしても口にするのが恥ずかしい、こんなこと言っていいと思えない。他の人の意見を聞いていると、反対するようなことは言いにくい……。

私たちは当たり前にお互い影響し合います。どうしても他人の目は気になりますし、結局無難な発言を選んでしまうことも多いもの。だからこそ、いきなり発言させるのではなく、まずは自分の意見を付箋に書き出すなど、個人作業の時間をたっぷり取りましょう。

休憩も兼ねて20～30分程取ってもよいかもしれません。一人少なくとも10～20個のアイデアを出すことを指示して、時間がきたら集めてディスカッション。こうすれば、たくさんの意見の掛け算もみんなでワイワイ進みます。

テーマ、メンバー、進め方。

しっかり押さえて本当に効くブレストを楽しんでくださいね。

5 もっと議論が深まる・広がるホワイトボードのスキルって？

第2章でご紹介したホワイトボード活用法。

記録のために必要なことを書く、メンバーにルールを意識させる、発言をメモしまとめてさらに発言を促す……。これだけでも会議は大きく変わります。

しかしもちろん、ホワイトボードの活用法は、これだけに留まりません。

ここではもう数歩進んで、議論をまとめリードする、ホワイトボードの使い方をご紹介します。

◉――まとめ方いろいろ。自分に合った得意技を身につけよう

①親和図

みんなでたくさんアイデア出し、いろんな意見が出て盛り上がった！

……で、これからどうやってまとめよう。

ディスカッションがこうなりがちなら、この「親和図」を使いましょう。

アイデア出しの段階で、それぞれの意見を大きめの付箋紙（75ミリ角や長方形のものなど、各種出ています）や情報カード（名刺サイズから葉書サイズくらいまでの厚めの紙）に書き出します。後で見やすいように、できれば太めのマジックで書きましょう。

ある程度の枚数が集まったら、**グループ分けスタート！**

「これとこれって同じじゃない？」「これって関連してるよね」など、メンバーの直感で、関連しているカード同士を集めてグルーピング。複数のグループに関連しているものがあれば、同じことを書いたカードを増やしてそれぞれのグループに含めます。

図3-2「親和図」で、たくさんの意見を集約できる

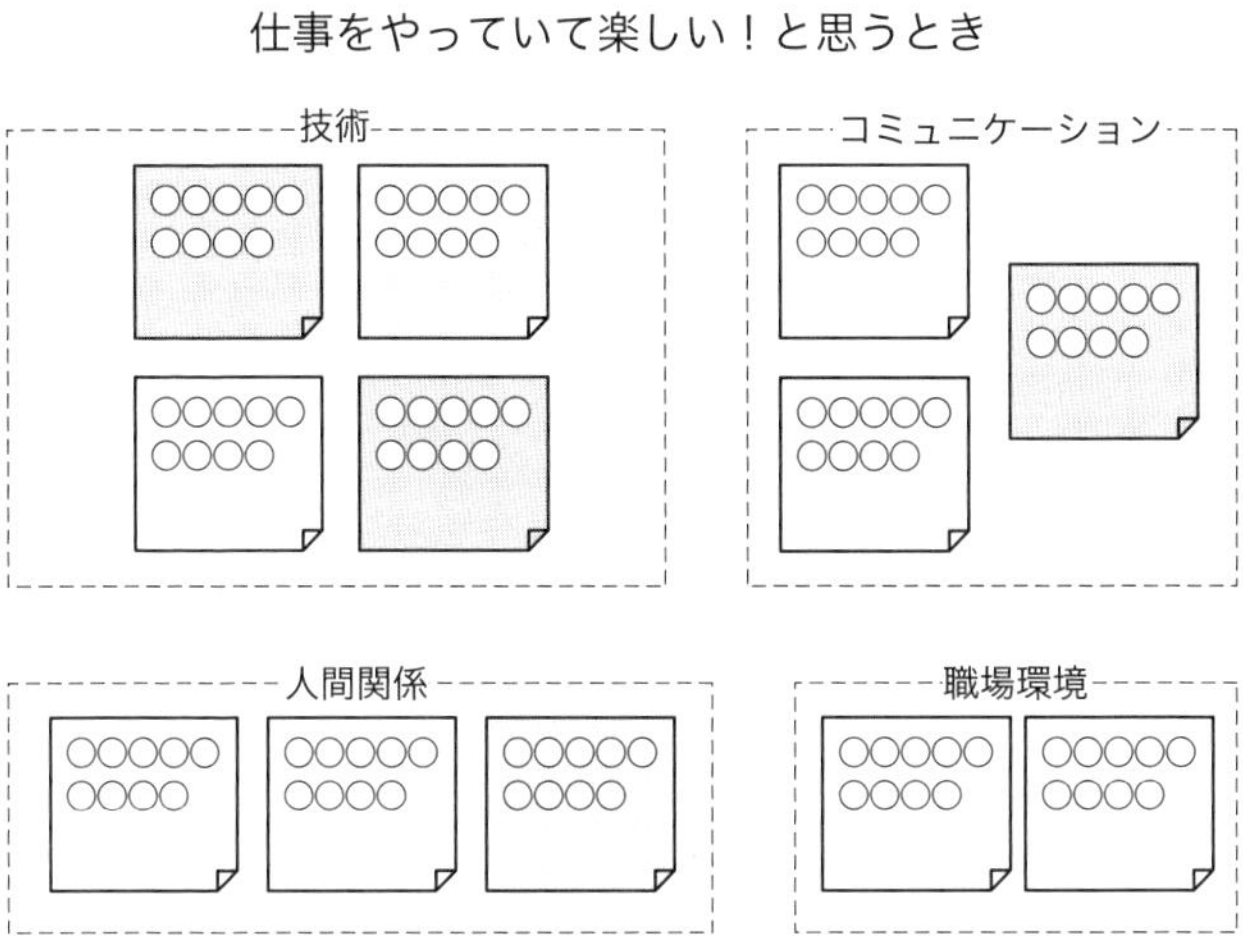

もちろん、他のカードに刺激されて新しいアイデアが出てくれば、それもどんどん書き足しましょう。グループ分けしにくいものは、「その他」グループに入れてもよいかもしれません。

グループに分けられたら、それを見ながらみんなでグループに**「名前」をつけていきましょう。**

ある組織で、スタッフの人材育成プロジェクトを推進していたときのこと。スタッフ全員集まって、「仕事をやっていて楽しい！と思うとき」というテーマでディスカッションを進めました。目的は、スタッフが楽しいと思うことをもっと増やすための教育プランを考えるため。

「お客さまに喜んでもらったとき」「難しい案件を処理できたとき」「自分の技術が上がった！と感じたとき」「誰かに褒められたとき」「早く帰れたとき」……などたくさんの意見が数十枚。それらを何だかんだと分類して、最終的についたタイトルは、「技術」「コミュニケーション」「人間関係」「職場環境」「その他」。

当たり前の言葉かもしれませんが、これを生み出したのは、スタッフ全員。しかも「仕事の楽しさ」を考えた結果出てきたキーワードですから、気持ちの入り方が違います。この後、出てきたキーワードを元に、「楽しいことを増やすための教育プラン」について議論が進んでいきました。

バラバラに広がったカードを見ていると、なぜかまとめたくなるから不思議です（笑）。広げてまとめたいときには親和図を。そのときのために、大きめの付箋紙とマジックを常備しておいてくださいね。

図3-3 今は何の議論をしてる？「ロジックツリー」でスッキリ整理

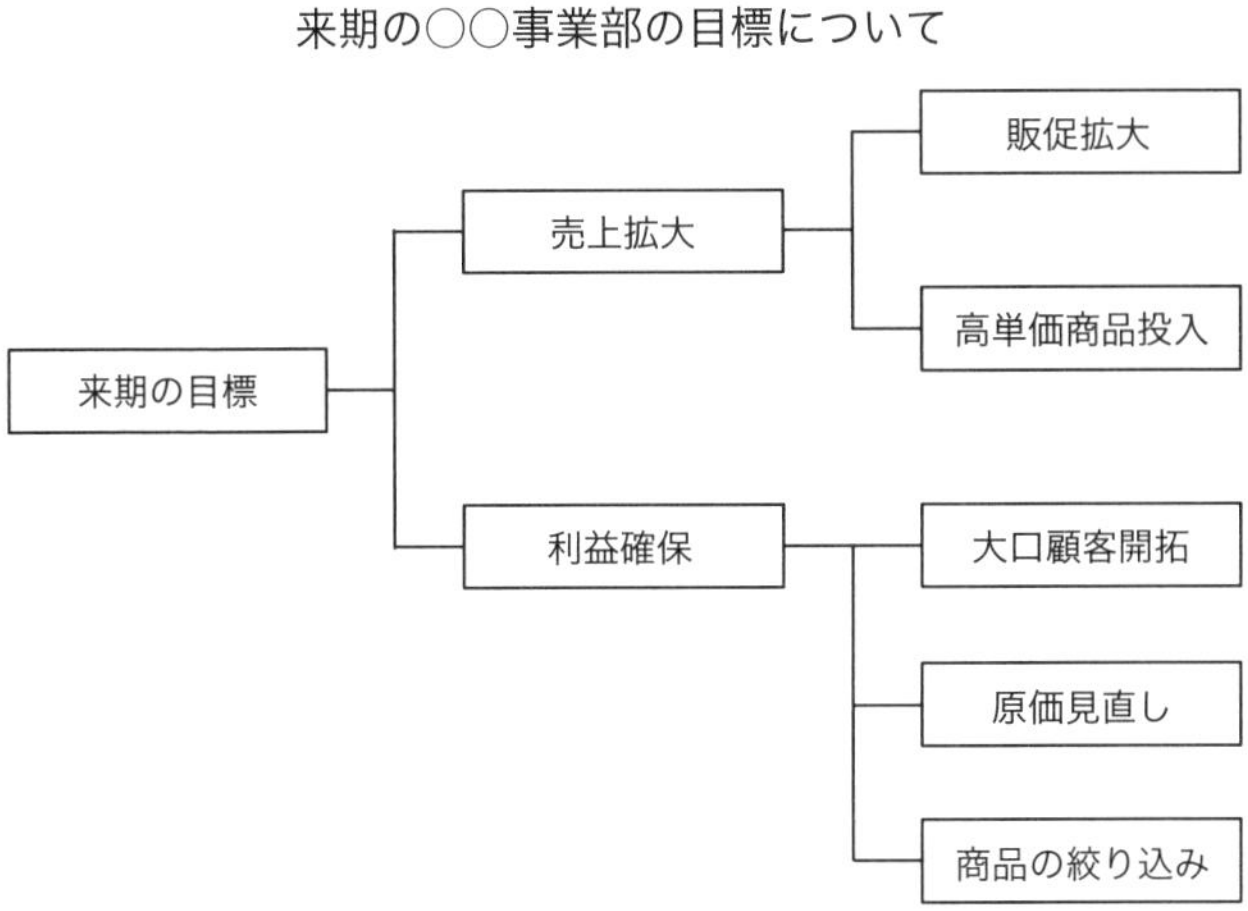

②ロジックツリー

「もっと論理的に考えて！」

……すみません。でも、論理的ってどういうこと？

そもそもいつも「何となく」で意見を言う傾向のあるワタクシ、どうしたら「論理的」に考えられるのかよくわかっていませんでした。ロジックツリーはそんな私にも役立つ、とても便利なツールです。

例えば大きなイベント開催について議論をするとき。全体のどこについて話しているのかがひと目でわかりますし、**ヌケなくモレなくダブリなく必要**

な事項を押さえていくのにも便利です。

「イベント」から「準備」「当日」「フォロー」と分類項目を伸ばし、それぞれに必要な内容を書いていきます。例えば準備であれば、「集客」「手配」……と、あと何があったっけ？と議論しながら書き込んでいきましょう。

ポイントは、並べる項目の抽象度を揃えること。集客、手配、と続いた後に、「ポスター作成」は適しません。その場合は、その下の階層に書き込んでいきましょう。

③Tチャート

整理しながら考えたいけど、ロジックツリーは難しそう……。

そう思うなら、Tチャートを使ってみましょう。

チャートと言うと何だか格好いいですが（笑）、要するに、**最初っから書くスペースを2つに区切っておきましょう**、ということ。ホワイトボードを縦線で2つに区切り、一番上に横線を引いて、それぞれの領域のタイトルを書きます。

図3-4 「Tチャート」で、対照的な視点でとことん検討

今期の営業三課の業務について

できていること	できていないこと
・新規受注 10%増	・商品Aのシェア拡大
・新人２名の育成	・B社受注
・開発部との情報共有	・提案型の営業
・休日出勤ゼロ	・月一早朝会議
………etc.	・勉強会
	………etc.

私がよく使うのは、

「困っていること」「大事だと思うこと」

「いいなと思うところ」「残念なところ」

「できていること」「できていないこと」

「問題」「対策」

「現状」「未来」

など、**テーマについて考えられる対照的な視点**。最初からこう区切っておけば、どちらかに当てはまる意見を自然とみんなが出してくれるようになります。

それでも全然違う意見が出てきたら、小さく囲って別スペースに書き留めましょう。「あ、違うこと言っちゃった」

図3-5 「四象限マトリクス」で、意見や事象をざっくり分類

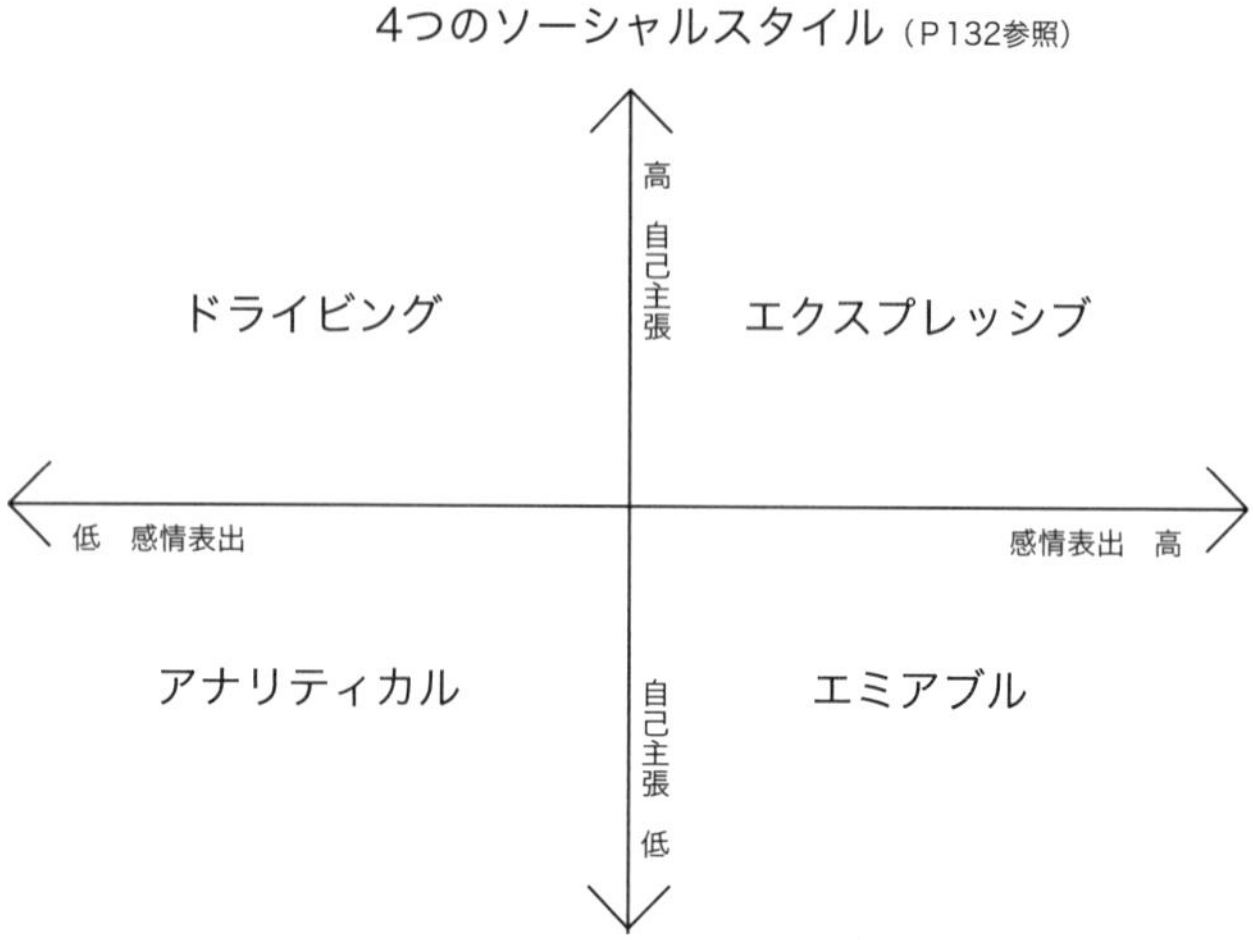

と気づいてくれますし、書き留めることで、違う意見でも出していいんだという雰囲気も作れます。たくさん意見が出そうなときは、ホワイトボードを2枚使って、それぞれにタイトルを書いて使うのもおススメです。

④四象限マトリクス

「我が社と競合する商品について、みんなでいろいろ分析してみよう！」

「今度入れ替えるオフィス機器、どれにするかを考えよう！」

　そんなとき、4つの領域で考える四象限マトリクスが使えます。

四象限マトリクスとは、**2つの視点を縦横2軸に取って、4つの領域に分類して考えてみよう**というもの。まずは分析したい項目を全て付箋に書き出します。縦横の軸を何にするかを決めたら、ホワイトボードに大きく十字を書いて、それぞれの項目がどこに当てはまるか分類していきましょう。上下左右に貼り分けることで、それぞれの項目について相対的に見ることができます。

132ページでご紹介した「ソーシャルスタイル」も、「自己主張」を縦軸に、「感情表出」を横軸に取った四象限マトリクス。多様な物事をざっくりと分類し、それぞれの傾向を考えたいときにも使えるこのツール。

「緊急度と重要度」「コストと効果」「頻度と嬉しさ」など、様々な軸を試してみてください。分類することで、新しい発見が生まれるかもしれません。

◉——知ってるだけじゃもったいない！ フレームワークで考える

フレームワークとは、何かを考えるときに使える枠組みのこと。過去から様々に作られてきた、使える知恵の結晶です。私たちが出すアイデアや意見は、そのとき持っている知識や情報、経験からしか出てこないわけですから、どうしても主観的になりがち。議論にフレームワークを導入して、新たな視点を手に入れましょう。

①3C分析

3つのCの頭文字、「顧客（Customer）」「競合（Competitor）」「自社（Company）」を合わせたものが戦略分析の3Cです。

想定する顧客や市場はどこか、競合他社はどうかを考えた上で、それに対して自社はどんな存在なのか……と議論していきます。それぞれの項目が明らかになったら、今度はそれらの関係性についても議論します。

経営戦略を考える上でよく使われてきたシンプルなフレームワークですが、いざ取り組んでみると、なかなか難しいもの。「よくわからないね」ということは、今まで考えてこなかったということですから、そこに気づくだけでも大きな収穫。

図3-6 「3C」と「4P」で、戦略にぬかりなし

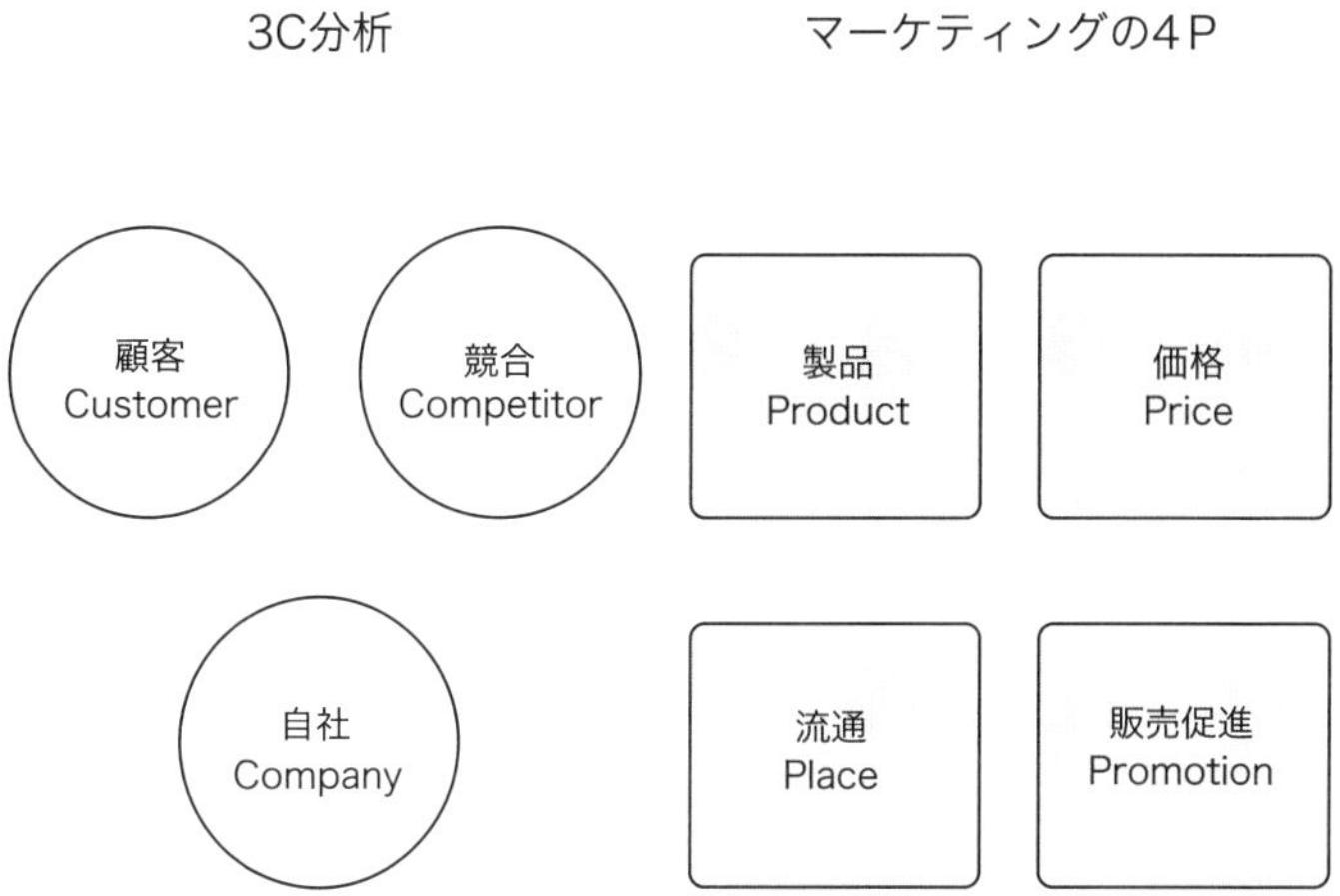

実は顧客の変化に気づかないまま商品開発を進めていた、なんていうことも防げます。会議にこのフレームワークを持ち込んで、普段から顧客想定をするクセも身につけていきましょう。

②マーケティングの４P

新規商品開発の会議や既存商品の販売戦略を考える会議。さて、どうしようかと考えるときに使えるフレームワーク、それが４Pです。

「製品（Product）」「価格（Price）」「流通（Place）」「プロモーション（Promotion）」の頭文字を取ったもの。

それぞれの項目ごとにも詳細な戦略ツールがありますが、まずはこれら4つの要素を並べて検討していきましょう。さらに議論を深めれば、これら4つのPを組み合わせた全体戦略を練り上げていくこともできます。

③SWOT分析

会議では、それを言ってもどうしようもないじゃん……という発言が出てくることも多々あります。「最近景気悪いから……」「予算削られちゃったしなぁ」。難しい状況に負けずに勝ち抜く戦略を立案したい。そのために、現状を多面的に分析したいときに有効なのが、SWOT分析というフレームワークです。

自分たちの「強み（Strength）」と「弱み（Weakness）」を分析して、自分たちを取り巻く事実を「機会（Opportunity）」と「脅威（Threat）」として捉えます。

強みと弱みは「内部要因」、機会と脅威は「外部要因」と言われ、自分たちを内外から分析してみるときにとても便利。それぞれの項目をリストアップし、それらの項目を掛け

図3-8 「SWOT分析」で、勝ち抜くための戦略を立案

算しながら議論することで、これからどうすべきかといった戦略を考えるツールとしても使えます。

自分の強み、弱みでは考えにくい場合は、「○○と比べて」「○○にとって」と競合などの比較対象や、顧客などの対象者を設定すると議論しやすくなります。

④PDCAサイクル

元々は品質管理や生産管理の手法として提唱されたPDCAサイクル。今ではすっかりお馴染みのマネジメント用語として定着しています。

図3-9「PDCAサイクル」を回して、仕事の質とスピードを上げる

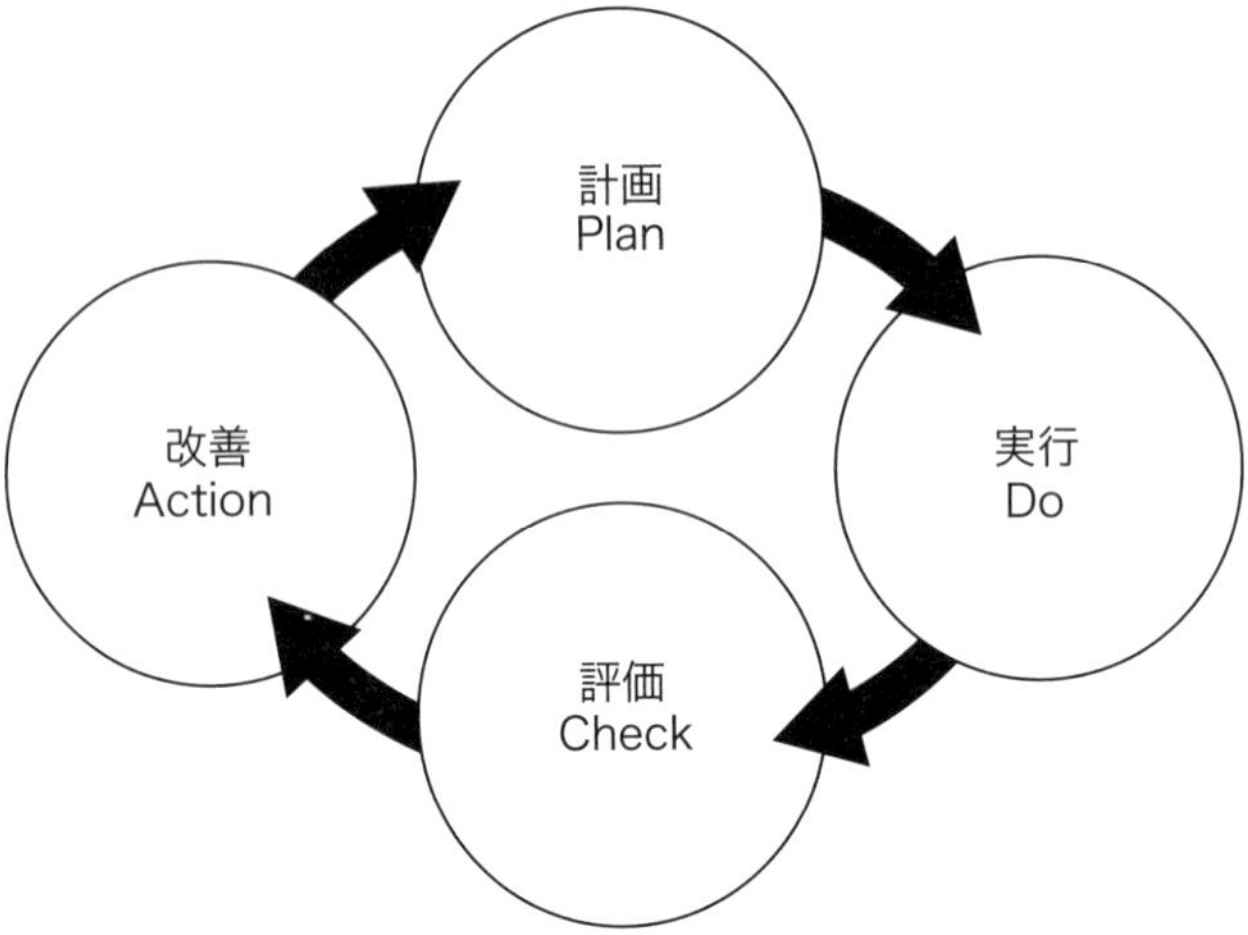

皆さんのチームでは、PDCAに則ったマネジメントサイクルが刻まれているでしょうか？

「Plan（計画）」「Do（実行）」「Check（評価）」「Action（改善）」で1サイクル。回せば回すほど、より高い成果が出るようになるはずです。

しかし、実際にはPとDを繰り返しているだけなど、きちんと回せていないチームも多いようです。

「うーん、そう言われると自信がないなぁ……」

図3-11 「GROWモデル」で、着実に目標を達成

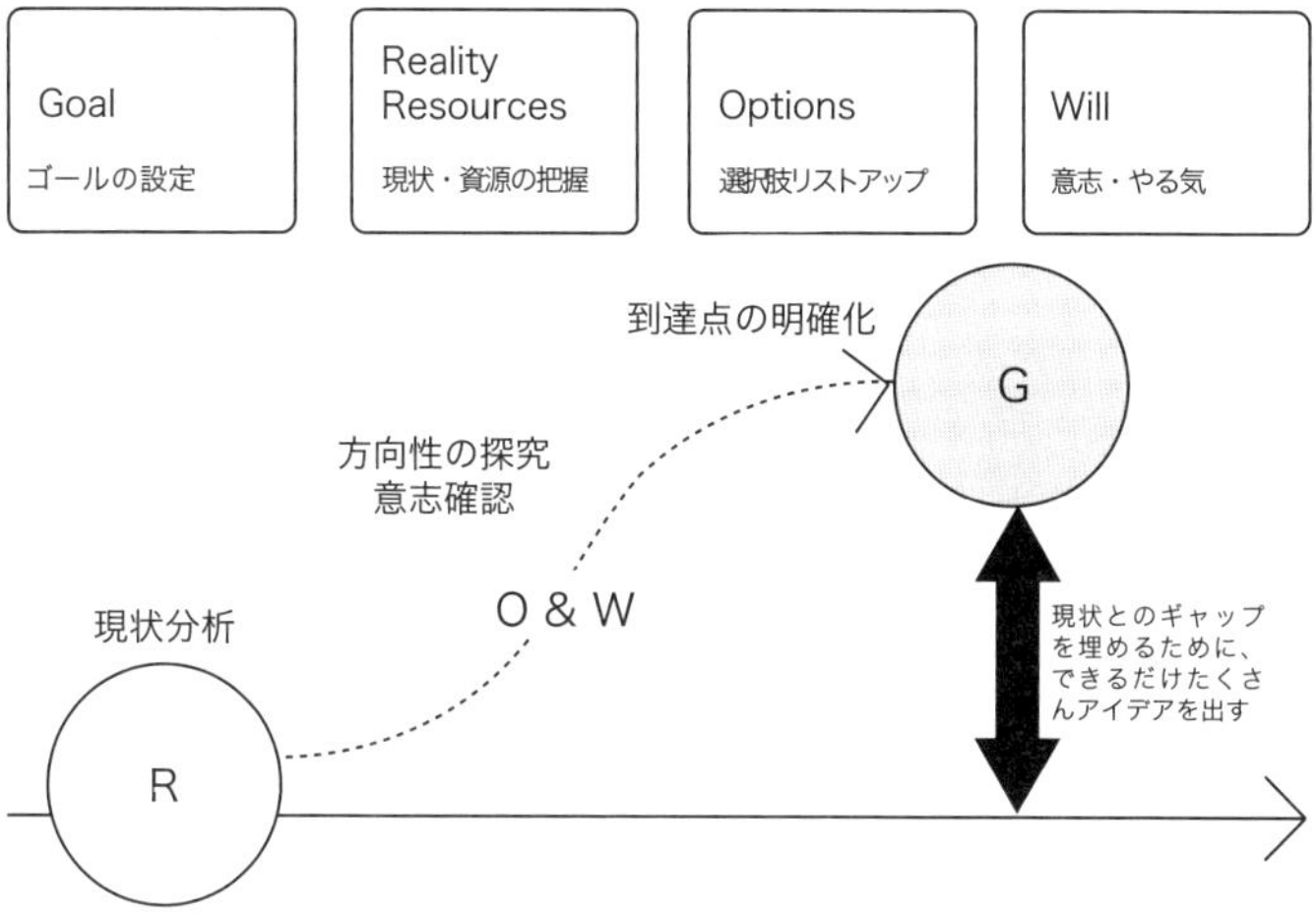

そう思うなら、このフレームに当てはめて、それぞれの項目がきちんと機能しているかをチェックするのも必要かもしれません。

⑤GROW《グロウ》モデル

解決すべき重要な問題がある。

そのための行動を起こさなければ。

そんなときの会議には、ＧＲＯＷモデルを使ってみましょう。

「ゴール（Goal）」「現状・資源（Reality/Resources）」「選択肢（Options）」「意志（Will）」以上４つの要素を含むこ

のモデルは、一九八〇年代後半から問題解決のためのフレームワークとしてコーチングやコンサルティングの現場で広く活用されてきました。部下面談や顧客との会議など、様々なシーンで活用できます。

通常は「ゴール」から話し合いますが、問題解決の場合は「現状」の把握からスタートしたほうがやりやすいかもしれません。

「現在何が起きているのか、問題だと感じていることは何なのか」「それらがどんな状態であれば、理想的だと言えるのか。目指すべき地点はどこなのか」この2つの差を明確にした上で、目標に近づけるための「選択肢」について議論しましょう。

このときのポイントは、選択肢を「できるだけたくさん出す」ということ。

私たちは、何か一つ答えが出るとそこで満足しがちです。しかし、それでは場当たり的なアイデアで終わってしまいます。

いろいろな視点からの議論を促し、より多彩なアイデアを引き出すには、「アイデア30個出しましょう！」といった議論のゴール設定が効果的。

図3-10 「ビジネスモデル・キャンバス」で、イノベーション！

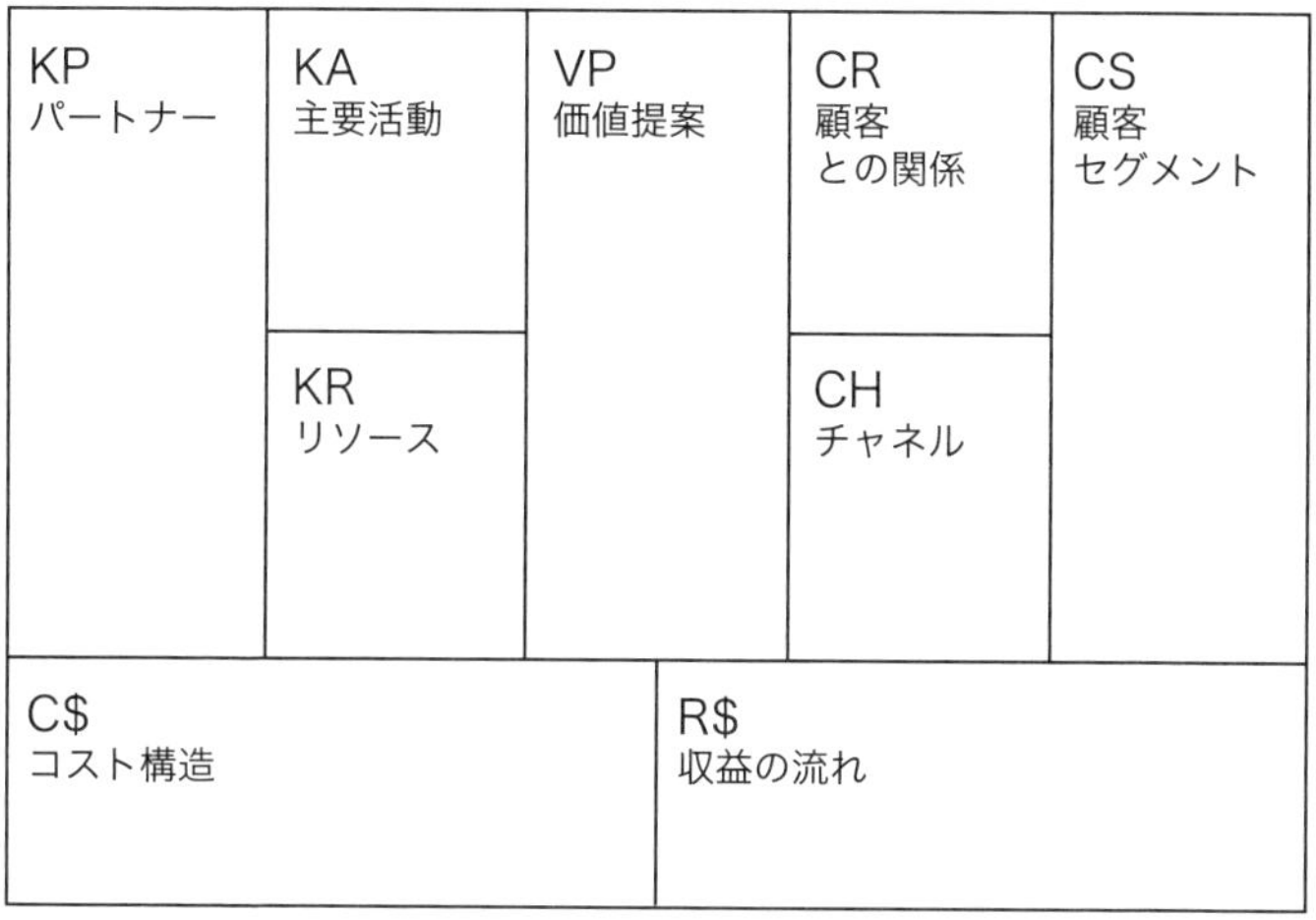

たくさんアイデアを引き出したら、最後は具体的な対策の決定と、実行するみんなの意志確認。ここではぜひ、先述した「効果性&実現性分析（123ページ）」でまとめてみましょう。きっとこれならやれる、効果がある、そんな問題解決案が生まれます。

⑥ビジネスモデル・キャンバス

ビジネスモデル・キャンバスは、ビジネスモデル＝「儲けの仕組み」を考えるときに便利なフレームワークです。二〇一二年邦訳の書籍『ビジネスモデル・ジェネレーション』で紹介され、随分話題になりました。

使い方は簡単。まずはホワイトボードに大きく9つのブロックを書くところから始めましょう。「顧客セグメント（Customer Segments）」「価値提案（Value Propositions）」「チャネル（Channels）」「顧客との関係（Customer Relationships）」「収益の流れ（Revenue Streams）」「リソース（Key Resourse）」「主要活動（Key Activities）」「パートナー（Key Partners）」「コスト構造（Cost Structure）」。

みんなでブロックを埋めていくことで、様々なビジネスモデルについての議論ができます。大きくボードに描いたフレームワークに付箋で貼りつけていくと便利です。

新規ビジネスの立ち上げ会議や、現在の商品の見直し会議に。また、「企業→部署や自分」と置き換えて考えることで、個人のキャリアの棚卸しや部署の役割の見直しにも使えます。

◉――ホワイトボードにプラスで使える、便利な小道具

①模造紙

「ホワイトボードないんです……」いろんな組織にお邪魔していると、ホワイトボードがない事務所、会議室もあります。そんな場合に便利なのは、模造紙などの代用品。模造紙の場合は書いたものをそのまま残せますから、継続して議論したい場合などにはホワイトボードよりも便利です。

小さなグループで話し合うグループディスカッションでは、各グループに模造紙を配るとそれだけで「何か書かなきゃ！ まとめなきゃ！」というエネルギーを引き出す、実はパワフルなツールでもあります。

ただ、注意点が2つあります。

一つは壁に掲示する際。壁の材質によっては、はがすときに壁を痛めてしまう場合も。貼ってもよいか事前にきちんと確認することも大切です。貼る際のおススメは、工事で使う養生テープ。切りやすくてはがしやすいテープです。

もう一つは、使用するペン。裏うつりしないペン（プロッキーがおススメ）を選んで、ストレスなく書けるように用意しましょう。

②付箋紙

意見出しの会議では、付箋紙を活用すると便利です。書くときには太めのペン、これも裏うつりしないものを選びます。

付箋紙に書く意見は、一枚に一つが大原則。それぞれを動かしたり重ねたりできるのが付箋紙の真骨頂ですから、複数の意見が書いてあると移動がしにくくなります。なお、一人いくつとアイデアの個数を決めて出してもらう場合、その枚数を配っておけば「全部書き切ったー！」という達成感を演出することもできます。

実行委員会や、説明会など、質疑応答が多くなりそうな場合も付箋紙が活躍します。口々に質問するのではなく、付箋紙に書いてもらって集めることで、答える側も整理することができるのです。

ホワイトボードにプラスして便利な小道具を活用することで、会議を活性化していきましょう。

6 会議の進行役を超えて。プロジェクトを回すための極意

会議がうまくいったから、ビジネスもうまくいく。

そう単純な話ではありません。

「事件は会議室で起きてるんじゃない、現場で起きてるんだ！」

かつて、そんな名ゼリフもありました。

そもそもビジネスは不確定要素だらけ。たとえ会議できちんと何かを決めても、蓋を開けてみたら現実は違っていた。そんなことも日常茶飯事に起こり得ます。

では会議は無駄なのか？　もちろんそうではありません。ファシリテーティブリーダーにとって、会議は重要なツール。会議の進行役を超えた目線で全体を俯瞰し、会議を効果的に活用することで、よりうまくビジネスを回していくことができるのです。

◉——何をいつ話し合う？　必要な会議をデザインする

日々変化、進んでいくプロジェクトを線で描くなら、会議は点で描けます。数日から数週間で終わるものから数年にも渡る長期プロジェクトまで、プロジェクトの長さは様々。

どのタイミングで進捗を確認すべきか、みんなで立ち止まって考えるべきタイミングはいつなのか。**定期ミーティングの頻度や他部門との共有のタイミング、問題が起きたときの共有の仕方**など、ある程度決めておきましょう。

先の会議の予定が決まれば、自ずとそこが様々な作業の〆切にもなります。言いづらいミスや問題も、共有するタイミングがあれば表に出やすくなります。

ＩＴ企業での営業担当時代。前職の建設関係業者との付き合いもあって、施工図の作成仕事も受注していました。ある程度ゆとりを持って依頼を受け、図面を書いてくれるという社外メンバーに外注。さて、いよいよ明後日は納品というタイミングで、突然「できませんでした」との連絡が。

それはないよと問いただしても、「すみません、描けませんでした」の一点張り。結局どうしようもなくなって、徹夜で必死の図面作成。当時は腹が立って仕方ありませんでしたが、今振り返ると外注して放ったらかしだった私にも問題がありました。

発注時のスムーズなミーティングに、すっかり油断した自分を反省。その後の進捗確認ミーティングの予定もきちんと決めておけば、少なくとも、もっと早い段階で問題発覚していたはずです。

トラブルを未然に防ぐために会議の日程や内容をデザインする。

特に社外メンバーを含めてのプロジェクトには欠かせないプロセスです。

もちろん、一筋縄では解決できそうもない状況に陥ることもあります。
地域の様々な特産品を使った新規事業を支援をする。
そんなプロジェクトチームにサブマネージャーとして参画していたときのこと。

⦿——決めるキーマンは誰ですか？ 人間関係を俯瞰する

新規商品のお披露目をする東京での展示会企画が持ち上がりました。メンバーは、販促支援のプロばかり。私はマーケティングやイベント運営については素人でしたから、自分は補佐だと思い込んでいました。

優秀かつ、それぞれが違う意見を持ったプロチームの議論は毎回平行線。チームリーダーとメンバー、そしてメンバー間でも、意見が噛み合わぬままにどんどんスケジュールは進んでいきます。調整役としてベストを尽くそうと立ち回っていた私。みんなの合意がうまく取れないことに焦りを感じ、トップのゼネラルマネージャーに**「どうするか決めてく**

ださい」とお願いしたある日のこと。

「谷ちゃんが決めたらいいんだよ」

予想外の返事に思考停止。今の今まで、サブだと思い込んでいた自分自身がまさかのリーダー。「責任は僕が取るから」と言われても、「いや、全く安心できませんから！」と、内心叫んだあの日のことを、今でもよく思い出します。

組織横断型のプロジェクトや、専門家がチームを組んでのプロジェクトでは、誰が決定者で、どの部門がリードするのか、それぞれが牽制し合い、調整するのもひと苦労ということも。しかし、船頭多くして船が山に登ってしまっては困ります。

トップに判断してもらうのか、他に誰かキーマンがいるのか、はたまたみんなで話し合って決めるのか。決め方は組織やプロジェクトの内容によって様々ですが、できるだけ早めに決めるよう、メンバーを促すことが重要です。

「まずはリーダーを決めませんか」

このひと言で、きっと何かが始まります。
最初の一歩、ぜひ踏み出してみてください。

◉――場外で進めない！ 会議の場で発言する

この展示会プロジェクト。急にリーダーを任されて焦った私、無理だと困って周りに助けを求めました。白羽の矢を立てたのは、当時同じ立場にあったAさん。過去にも同様のイベントをやっていた彼女なら、と思い立って電話をかけ「リーダーを代わってほしい、私がサブで動くから」と懇願。いいよの返事にホッとして、翌日の会議に臨みました。
「リーダーは彼女に代わってもらおうと思うんですが」と切り出した私の言葉を受けて、ゼネラルマネージャーがAさんに「いいの？」と確認。前日の電話で安心し切っていた私の目の前で、「いいえ、私では無理だと思います」と答えた彼女に心の中で、いやもしかしたら口にして（笑）、「嘘つきー！」と叫んだのも恥ずかしい記憶です。

電話や個別の相談での発言と、会議などオフィシャルな場での発言が違う。こういうこと、実はよく起こります。

「電話で言われたときは、あまりの勢いに断れなかった」
「一晩考えてみたら、無理だなと思った」
「会議の前に言おうと思ったけど、谷さん忙しそうで話しかけられなくて……」

理由を聞いてなるほど納得。私たちは、往々にして相手に合わせて自分の意見を変えてしまいがち。個別の話はそこだけの話。参考程度にしておくのが得策です。この場合も、もしも助けを求めるなら、みんなが集まる会議の席で発言するべきだったなぁと思います。

◉――長い視点で考えよう。今日の失敗が未来を作る

「失敗を恐れるな、失敗の数だけ成長がある」

その通り、本当にそう思います。……でも、できれば失敗したくないなぁ。ほとんどの人はそう思っているのではないでしょうか。私ももちろんそのうちの一人です。

みんなに迷惑かけて嫌われるかも。

本当にこの決断でいいんだろうか。

いろんな不安や心配で、私たちは様々なことに二の足を踏んでしまいます。私がリーダーを引き受けることを躊躇したのも、やっぱり不安が原因でした。

展示会は結局、大失敗ではないけれど成功にはほど遠い、そんな出来で当日を終えました。打ち上げで**「もっと頼ってくれればよかったのに」**と言うメンバーに、**「じゃあもっと助けてくれたらよかったのに！」**と不満タラタラで返した夜を覚えています。

いつもイライラ忙しそう。

何をやっているのかよくわからない。

とりあえずそっとしておこう。きっと困れば言ってくるよ。

「そんなふうに見えていたよ」と言われてとてもショックでした。

困ってはいても、何をどうすればいいのかさっぱりわからず途方に暮れていた。そんな私に必要だったのは、プロジェクトを俯瞰して、みんなで対策を考え、役割分担するための会議。**みんなに相談できる場を自ら作り出すファシリテーティブな姿勢**だったのだと思います。

一つのプロジェクトも、ビジネスという長い線の上で考えれば点でしかありません。ここでの経験や学びが、次のプロジェクトに活かされ、ビジネスを発展させていくのだとしたら。

失敗を恐れず、果敢に成果を生み出すチームを作るには、まずはチーム全員が協力し合える場を作り出して機能させること。そして、そのためのファシリテーティブリーダーの存在が、必要不可欠だと思うのです。

コラム3

煮詰まりがちだった職員会議もファシリテーションで一変!

開星中学・高等学校教頭 塩田直也

谷さんはいつも元気です。小学校のとき、谷さんのようにテキパキとした可愛い女子の学級委員がいて、クラスを仕切っていたことを思い出しました。

定時に始まらない会議。いつ終わるのかわからない会議。何が決まったのかわからない会議。谷さんがやって来ると、そんな淀んだ会議室の空気が、窓が開け放たれて風が吹き込み、一変したように感じられました。谷さんは、提出された様々な事案をホワイトボードに図式化し、仕分けをしていきました。物で溢れた引き出しの中が整理されていくように、頭の中をスッキリとしてもらったように思います。「これが会議というものか」。

ファシリテーションされた会議の場は、感情に流されない、論理的で創造的なものに変わりつつあるように思われます。今となっては、職員会議ですらも楽しみです。

第４章
日常の枠を超えて！
いろんな人が集まる場はこうして回す

1 全社レベルで組織活性。研修会や大会議

日常の会議やミーティング以外にも、職場で人が集まる機会はたくさんあります。年に一度の経営方針発表会や研修会、多くのメンバーが集まって一日かけて情報共有、リーダー育成の一環として、企画や運営を若手リーダーに任せる組織もあるようです。

「今日の研修、楽しみ？　ユウウツ？」

様々な企業研修会や全社会議などにお邪魔して、最初に聞くのがこの質問。挙手アンケートで会場に聞くと、楽しみにしてました！と手を挙げるのは大抵数名。ユウウツだ、できることなら帰りたい、と手を挙げる方がほとんどです。

延々話を聞かされるだけ。
やらなきゃいけない仕事が山積み。
忙しい中、やる意味を感じず、ただ座って過ごす苦痛な時間。
時間も経費ももったいない、そう思うのは私だけではないはずです。
その問題、ファシリテーションで解決していきましょう。

◉――せっかく集まるなら。成果を生み出す流れを作ろう

そもそも、こういう場を持つのは何のためでしょうか。
・メンバーに危機感を持ってもらいたい
・ビジョンを共有したい
・やる気と行動を引き出したい
・チームの結束力を高めたい

など、主催者からはいろんな期待を伺います。

ファシリをご依頼くださったA社も同様。数多くの窓口拠点を持つこちらでは、年に2回の全体研修会を実施しています。参加者は各拠点から数名参加で約100名。幹部からの市場分析結果や今期方針、重点戦略などの発表と、2時間程度の講演会。そしてグループディスカッションで以上一日。

まとめると、一日の流れはこうなります。

インプット①（情報提供）2時間
インプット②（講演会）2時間
昼食
アウトプット（グループディスカッション）2時間

想像してみてください。

普段あまりやりとりのない、もしかすると話したこともない人が隣に座り、分厚い資料を見ながらの座学勉強会。講演は確かにいい話だったけれど、どう仕事に結びつくのかわからない。昼食も、結局いつものメンバーで集まってしまい、休憩時間はお客さまや事務所からの携帯電話応対。グループディスカッションが始まって、ようやく周りにいる人たちと話が盛り上がり始めた頃にはタイムオーバー、解散です。

これではあまりにもったいない。

では、もしもこういう状態ならいかがでしょう。

参加者同士でこの場への期待を共有。当日の成果目標を設定し、成功事例や取り組みなど拠点間の情報交流。情報提供される内容は自分なりにまとめる時間が取られていて、講演を聞いた後にも「現場での活用」についての意見交換がなされます。感想や質問を考える時間も用意され、講師や幹部も相互にディスカッション。最後には、それぞれが今後の行動課題を設定、フォローの予定も告知されて終了。

どうせ集まるなら、主催者も参加者も「やってよかった、来てよかった」と思えるような時間にしたいもの。そのために、A社の場合は一日の流れをこう変えました。

アウトプット❶（参加者自己紹介と当日の期待共有）1時間
インプット①（情報提供）1・5時間
アウトプット❷（グループディスカッション「この情報をどう活かすか」）0・5時間
昼食
インプット②&アウトプット❸（参加型講演会）2時間
アウトプット❹（グループディスカッション「今日の学びの実行宣言」）1時間

アウトプット→インプット→アウトプット。

情報提供する前後は、ディスカッションや個人シートへの記入の時間「アウトプット」で挟みます。また、特によく知らないメンバー同士が集まる場では、できるだけ早くお互いが知り合う時間を取ることも重要です。

私たちは、質問されると考えます。アウトプットの機会をもらえば、発言するものです。計画時には、伝えたい情報を盛り込むだけでなく、参加者に考えさせたいテーマや問いを設定し、流れに加えておきましょう。

◎——急に話せと言われても。話せるテーマと時間が必要

「では、何でもいいので話してください」

こう言えば、みんなどんどん発言する。

なーんてことはありません。

アウトプットの機会を作っても、誰も発言したがらない。
ディスカッションタイムがどうもあまり盛り上がらない。

原因は、**テーマ設定が曖昧すぎて、何をしゃべればいいのかわからない。**そういう場合がほとんどです。参加メンバーにとっての優先事項は自分の仕事。自分の仕事の問題解決のヒントや、うまくやっている人のやり方など、メンバーが知りたいことが手に入る。そう思えばこそ、研修会にも身が入ります。

ちなみに私が組織活性などの研修でよく使うのは、次のようなテーマです。

・自分の気がかりと得たい情報
・○○についてのお困りごとと、大事だと思っていること
・最近うまくいったこと
・今日得た情報、学びをどう活用するか

対話を始めてもらう前に、まずは考える時間を取る（テーマによっては30秒でもＯＫ）ことも重要です。テーマ設定を工夫して、実り多い対話の場を生み出しましょう。

◎――社長の前でも堂々と。チームの意見を持ち寄る場

多くのメンバーが集まるのは、研修会だけではありません。他にも経営方針発表会や全体会議など、組織によって様々な機会があります。数字や経営計画以外に、社是やビジョン、クレドなど、大切な組織の価値観を共有するために行われることも。

これらの価値観は、目に見えるものではありませんから、言語化され、様々な機会やツールを通じて伝える工夫がされています。

言葉は、そもそも「多義性」を持つもの。たとえ同じ言葉を聞いても、人によって違うことを想像し、解釈していて当たり前。だからこそ、**自分はどう思っているか、他のメンバーはどう考えているかを共有し、語り合う時間が必要**なのです。

流通系のA社では、クレド浸透のための様々な取り組みがなされていました。浸透を図る会議のファシリテーション研修もその一環です。

各チームのリーダーが会議ファシリテーションスキルを学び、それぞれのチームでクレドに関するディスカッションを展開する。そんな活動の総まとめとして、社長や幹部、チームリーダーを集めての全体会議が開かれました。

参加者100人規模の全体会議では、様々なチームの取り組みが共有され、ディスカッションが行われます。もしかしたら、クレドについての解釈がズレているかもしれません。発言をし合い、お互いにチェックし合うことが目的ですから、間違いを恐れず、自由に語れる空気が必要な時間です。

しかし、全従業員4000人を超える組織のトップを目の前に、メンバーのディスカッションは遠慮がち。なかなか議論も盛り上がりません。

その日は模造紙への書記（グラフィカとも言います）を仰せつかっていた私。**どうにか空気を変えたいなぁと考えて、思いついたのがちょっとした落書き。**意見を書き留める模造紙に、発言者の似顔絵や、意見に関係するイラストを描いていきました。

一番初めは、社長の似顔絵。**それを見た社長が「お！」と笑って反応。**そこからのメンバーは、自分たちの発言がカラフルに彩られ、楽しげな雰囲気で書き留められるのを見ながらのディスカッション。自然と笑顔もこぼれ出し、少しずつ空気が柔らかく、活発なものに変わっていきました。

その場での発言権は私にはありませんし、特に何を言ったわけでもありません。でも、模造紙やホワイトボードへの書き方を少し工夫するだけでも場の空気は変わるのです。

みんなが緊張しがちな場でのディスカッションにこそ、ちょっとした工夫やユーモアが効果的。皆さんらしいアイデアで、有意義な場を作りましょう。

◎──終わりよければすべてよし。シメ方が重要です

会が終われば一刻も早く帰りたい。ほとんどの参加者は、そう思っています。

予定時間は必ず守った上で、最後も盛り上げて終わりましょう。

①アンケート記入

研修会や全体会議などの全社的な集まりでは、終了前にアンケートを書いてもらう場合もあるかもしれません。

「みんな真面目に書かないんです」それで特に問題ないなら、アンケート自体をやめてしまうのも一案ですが、今後のために重要だと思うなら、参加者が真面目に取り組める流れを整えましょう。

おススメは、記入時間をきちんと取り、提出してから帰ってもらうという流れです。項目を工夫すれば、参加者にとっての復習の時間にもなりますし、みんなの真剣な意見を聞きたい、という主催者側の姿勢を見せることにもつながります。

書いてもらった内容は、できるだけ何かの機会にフィードバックします。次に集まる機会が一年後では遅すぎですから、できるだけ早く、社内報やイントラネット、メールや社内掲示で共有しましょう。

もし可能なら、意見に対してコメントで返す、実際に改善できることは改善し、アンケートの意見が元であったことを説明するなど双方向にできると最高です。自分の意見が反映されるとなれば、書く甲斐もあるというもの。書いても無駄、言っても無駄と思わせない。アンケートの意義が伝わる対応を心がけましょう。

②今後の予定周知

本会終了後の提出物の〆切や、次回予定の案内などは、配布資料に入れておくだけでなく、できればホワイトボードやプロジェクターで大きく掲示して共有しましょう。

終了直前はみんな集中力が切れていて、既にその後の仕事に意識が向いていることも多いもの。目線を向けさせ集中を促した上で伝えるほうが、周知のヌケモレが減らせます。小さな工夫ですが、話を聞かないメンバーに悩んでいる皆さん、ぜひやってみてください。

③主催者あいさつ

最後のあいさつでは、必ず参加者に対する感謝を伝えましょう。

参加への感謝、ねぎらい、今後への期待。できるだけ短く、拍手を添えて感謝します。

「共に良い時間を作ってくれた皆さんに拍手。本日は、本当にありがとう！」

図4-1 アンケート用紙の例。よりよい次回のために、ぜひ！

今後に向けてのアンケート

1）本研修の中で、良かった点を教えてください。

2）心に残ったキーワード・フレーズ・今後への具体的アクションは何ですか？

3）研修実施に関して、より成果を得るための改善点があれば教えてください。

4）ご感想など何でも、ご自由にお書きください。

所属：　　氏名：

ご協力、ありがとうございました！

面談に関する現状調査

1）部下との面談を持つことで期待する効果は何ですか？

2）面談を実施することによる部下育成上の効果は、どのくらいあると思いますか？

そう考える理由は・・・？

1　2　3　4　5　6（全く効果はない ― 非常に効果が高い）

3）研修実施に関して、より成果を得るための改善点があれば教えてください。

そう考える理由は・・・？

1　2　3　4　5　6（非常に不安 ― 非常に楽しみ）

4）より良い面談を実施できるようになるためにどんなサポートを期待しますか？　あてはまるものをすべて選んで○をつけてください。

・面談の進め方などのマニュアル整備
・面談時に使えるシートなどのツール提供
・面談時の質問リストなど対話フレーズ集の提供
・面談の進め方研修
・その他（　　　　　　　　）

5）部下一人あたり、どれくらいの面談時間を予定していますか？

所属：　　氏名：

ご協力、ありがとうございました！

こう言われて、気分を害する人は多分いません。気分よく会場を後にすることで、これまでの時間への印象も上がります。

拍手は気分を盛り上げる、手軽で無料の便利なツール。大きな人数を動かすときにも上手に使って盛り上げましょう。

2 多様な意見に学ぶ。パネルディスカッション

出張先のホテルにて。

深夜テレビをつけてみたら、やっていたのは公開討論番組でした。たまたま興味のあるテーマだったので、そのまま見ること数十分。

一つのテーマにいろんな視点の意見が飛び交い、「おおそうか、こんな見方もあるんだな」とか、「いやそれって何だかおかしくない？」など、いろいろ勉強になりました。

パネルディスカッションと呼ばれるこの手法。

実は皆さんにもぜひ活用してほしいスタイルです。

◉──お手本は人それぞれ。社内人財ディスカッション

パネルディスカッションの醍醐味は、あるテーマに関する異なる意見を同時に聞けること。これを研修に応用したいとご相談くださったのが、メーカー販社のA社でした。

社内には、優秀なセールスパーソンがたくさんいる。彼らの営業スタイルを、他のメンバーに学ばせたい。

「面白い！」と二つ返事でお引き受けして実現したのが「社内人財パネルディスカッション」。3人の優秀なセールスパーソンをスピーカーに、約1時間のディスカッション。その後は会場からの質問をもらい、壇上と会場とのクロストークを試みます。

同じようなお客さまへのアプローチも、三者三様、みんなやり方が違います。いろんなタイプ、違うやり方を同時に聞くことで、「いろんなやり方があっていい」という自分な

りの工夫へのモチベーションが上がった様子。
研修参加者からの感想も上々。スピーカーとなったメンバーも、周囲へのお手本として
の自覚が高まりました。

「いつか私も、○○さんのように話ができるようになりたい」

こんな目標を持ったメンバーもいました。数年後、今度は彼女が壇上に上がる側になる
ことを考えると、私までワクワクしてきます。

⦿――テーマ・人選・進め方。準備万端盛り上げよう

実際にパネルディスカッションをやると決まったら、早速準備にかかりましょう。

①テーマを決める

テーマは、聴衆とその場の目的に合わせて決めます。

例えばセールスパーソン対象なら。単に「営業活動について」とするのではなく、「私の関係構築法」や「新規顧客開拓のコツ」など、**聞くと何が得られるのか**をわかりやすく表現しましょう。そうすることで、参加者の聞きたい気持ちも高まりますし、スピーカーも話しやすくなります。

・私の時短仕事術
・モチベーションの保ち方
・手帳活用法
・私の新人時代

など、テーマはいろいろ浮かびます。

ポイントは、人によってやり方や、考え方が違ってもよいテーマを選ぶこと。「効率的なファイリングの仕方」というのも興味深いですが、ファイリングのやり方を組織できっちり決めている場合、あまり話が膨らみませんし、これに個人差があっては困ります。

図4-2 身近な人から学べる！社内人財パネルディスカッション

個人で工夫することがＯＫかつ、メンバーの個性をぜひとも発揮してほしいテーマを選びましょう。

②スピーカーを選ぶ

テーマについて、違う視点で語れるメンバーをバランスよく選びます。

聴衆に「自分とは違う」「あの人だからできるんだ」と思わせないようにするには、**「スゴすぎる人」ばかりでまとめないこと。**欠点はある、でも工夫して成果を出している。そんな人がいたら、ぜひスピーカー候補に加えましょう。

性別、年代、経験年数やタイプなど、

多様性を持たせることも大切です。元々話がうまい人を選ぶと進行自体は楽ですが、どうせなら、普段あまり表に立って話す機会のない人を選ぶのもおススメ。人前で話す機会を持つことで自分を振り返る機会になりますし、お手本としての自覚も高まります。「一皮むけてほしい人」の育成の機会として、うまく活用してください。

なお、スピーカーも大切ですが、司会者の人選も重要です。司会者は、その場の学びを引き出すファシリテーター。外部のプロに頼むのも手ではありますが、**この機会に「社内ファシリテーター」を育成してしまうのも一案**です。

できれば一度は良質なパネルディスカッションの現場を見て、最初は真似から始めましょう。気楽なところでは、明石家さんまさんの『恋のから騒ぎ』や松本人志さんの『すべらない話』などのテレビ番組も、聞くリアクションを学ぶ教材としておススメ。複数のスピーカーから引き出して様々な意見を聴衆に聞かせるやり方は、とても勉強になります。

③当日の進行方法を決める

よくあるやり方は、最初に各スピーカーがテーマについて5分程スピーチ。その後司会者が適宜質問を振り、場合によってはスピーカー同士が議論を始める、というもの。質問はあらかじめ用意しておいて、スピーカーにも伝えておきます。この流れだと、あまり脱線することもなく、進行自体はスムーズです。

もしも、これだけではちょっと面白くないなと思う場合は、ひと工夫。パネルディスカッションの前に、聴衆からテーマに関して聞きたいことを引き出しておきましょう。

「今日のテーマ『○○』について、知りたいこと、大事だと思っていることは何ですか？」

こんなお題でペアやグループでおしゃべりをしてもらいます。

人数によりますが、全員、もしくは数人から、どんな意見が出たかを話してもらい、ホワイトボードにメモを取ります。こうすることで、スピーカーは、聴衆がどんな気持ちで参加しているのがわかりますし、司会者が質問する際にも使えます。

付箋紙に質問を書いてもらって集めるやり方もありますが、どちらにせよ、おススメなのは聴衆が話す時間を作ること。ワイワイガヤガヤおしゃべりすると場が和みますし、意見を出してそれが反映されることで、「みんなでこの場を作る一体感」も生まれます。

④本番前にスピーカーを交えた打ち合わせ

流れを確認し、リハーサルまでやっておけば本番でバタバタしません。

ぜひスピーカーに伝えておきたいのは、**「なぜあなたに話してほしいのか」「どんな話を期待しているのか」**ということ。その上で、スピーカー自身が聴衆に伝えたいことを確認します。もしあるならば、どんな話かを確認しておきましょう。

なお、リハーサルで話したことと、本番の内容は変わることが多いものですが、それも一興、ライブの醍醐味です。本番ではやはり皆さん緊張しますから、リハーサルよりも固く、マジメなノリになることが多いもの。打ち合わせ時にいろいろネタを拾っておいて、ぜひ聴衆に聞かせたい内容は、司会者から振ることで引き出しましょう。

⑤いよいよ本番、会場準備を周到に

マイクは可能であれば一人1本準備をします。また、スピーカーのことを聴衆があまり知らない場合は、**「なぜこの人の話を聞いてほしいのか」**の理由を丁寧に伝えます。プロフィールを用意して、資料として配布するのもおススメです。

スピーカーにも、同様の資料と、聴衆の参加者リストを用意しましょう。どんな人が会場にいるのかがわかれば、話をするときの安心感が増します。エラい人がいる場合など、かえって緊張感が増すこともありますが……（笑）。

ディスカッションが終わったら、質疑応答の時間です。しかし、「質問はありませんか？」と聞いても大抵は出ないもの。ここでも「ワイガヤ」の時間を取って、聴衆におしゃべりしてもらい、その後で質問や感想を引き出しましょう。

◉――できれば意見を「見える化」する

パネルディスカッションの醍醐味は、各スピーカーの意見や視点の違いです。

せっかくですから、ぜひそれぞれの意見を「見える化」してわかりやすく伝えましょう。ホワイトボードや模造紙を使って、発言をどんどんメモします。会議とは違いますから、きちんと記録する必要はありません。

頻出する言葉や、スピーカー同士の視点の違いなど、何でもよいのでどんどん書いていきます。複数の色を使ってカラフルに書くと、会場の雰囲気も楽しげに盛り上がりますからぜひお試しを。

書いておけば、最後にその日のディスカッションを振り返る際にも活用できますし、スピーカーにとっても、自分の意見を再確認する記録にもなります。

「意見の見える化」や、「社内人財パネルディスカッション」など、やったこともないのにうまくできるかな？と思うかもしれません。しかし何事も、最初の一歩のハードルは高くて当たり前。

聴衆にとって、同じ組織で働くスピーカーからの言葉は、ときに外部の講師の声よりもずっと深く響きます。スピーカーとファシリテーター、普段やらないことをやることで得られる学びも大きいもの。

意義を感じたら、ぜひ一度チャレンジしてみてください。

3 体験を通して語り合うワークショップ

様々な体験を共有し語り合い、みんなで何かを作り上げていくのがワークショップ。

ストローベイルハウス（藁の家）作りのワークショップのように、数日以上の宿泊を伴うものから、苔玉作りのワークショップなど2時間程度で終わるものまで多種多様。世の中には、本当に様々なワークショップがあるのです。

まちづくりの現場でも、「理想の公園を作るワークショップ」や「公民館活用を考えるワークショップ」など、住民参加型のワークショップが随分一般的になってきました。

もちろん、ビジネス研修を目的にしたものも様々あります。2~3日間でケーススタディを用いながら事業戦略を作成するものや、「ダイアログ・イン・ザ・ダーク」のように、視覚障がい者のガイドにより、暗闇の中で様々なアクティビティを体験する変わり種まで。

プロに任せる方法もありますが、もしも、自分たちで試しにやってみたいなら。ここでは私が携わった、うんと気楽に取り組めて一日で行えるチーム力&仕事力向上ワークショップをご紹介したいと思います。

◉――カレー作りで仕事力アップ

入社3年目のメンバーに、キャリアや仕事を考える研修をやってほしい。

そんなご依頼を頂いて、実施したのが山の家に籠って行う一日研修。会場について最初のお題は「お昼のカレーをみんなで作る」。

所要時間は1時間。

ゴールは**「おいしいカレーを作ること」**。

役割分担と調理実践、10人くらいの男子社員が、ワイワイしながら作ります。

作って食べて、ふー満腹。

それではもちろん終わりません。

食べた後には、こんなテーマでディスカッションを行います。

調理から仕事まで。ディスカションが学びを作る

- カレーのおいしさの基準はどう決めた？
- 役割分担は適切だった？
- カレー作り、自分はどのくらい一生懸命に取り組んだ？
- もう一回作るなら、今度はどんな工夫ができる？

カレー作りの体験をネタに、何だかんだとディスカッション。

「家庭の味系かエスニック系か。おいしさの方向性を確認すべきだった」
「切る担当とか調理担当、それぞれの得意分野を確認してから役割分担したらよかった」
「具材の切り方が荒すぎた。速く切れたけど、その分、火が通るのに時間がかかった」
「最初に調理の計画を立てたほうがスムーズだった」

様々な意見が飛び交います。

ではそれを、普段の仕事に応用すると?

こうつなげると、カレー作りが自分たちの仕事の効率化に段々変化していきます。

・初めに目指す方向性を決めるべき
・メンバーの得意なことって?　もっとお互いよく知ったほうがいい
・作業の手を抜くと、どこかにシワ寄せがいく

・仕事の前には必ず情報共有のミーティングを持つ

など、たかがカレー、されどカレー。
ファシリテーション次第で、いろいろな学びや気づきを引き出せるのです。

◉ワークの後が大事。「体験」＋「対話」でワンセット

みんなでお料理調理系
実際に現場を見学する視察系
身体を動かす運動系

このように、様々な体験から学ぶワークショップもありますし、
「我が社のイメージ」や「自分の強み」を絵にしてみる「お絵描きワーク」
人生や自分のやる気の変化を一本の線で表現する「人生グラフ」

など、もっと手軽にできるものもあります。

ワークショップのやり方は様々ですが、これら全てに共通するのは、**ワーク後に対話の時間を必ず取り、感じたことを共有すること。**参加者それぞれが同じ体験をしていても、持つ感想は千差万別。その違いを知ることも、大きな学びと気づきにつながります。

対話の時間は、もちろんファシリテーティブに。

「体験」＋「対話」の時間。どんなテーマでもできますから、ビジネスの現場でも、チームの活性化にも、活かせることがきっとあります。

面白そうなワークショップを見つけたら、仕入れのつもりで参加してみてください。

ファシリテーティブなチームを作る、そのためのヒントがきっとありますよ。

4 飲み会だって、ファシリテーション!

皆さんのチーム、飲み会やってますか?

新人が入ったときや忘年会に新年会、暑気払いにお悩み相談。様々な機会に催される職場の飲み会。

いつでも誘われれば、基本「行きます!」と答える私のような人もいれば、「どうして仕事が終わった後も、会社の人と飲まなきゃいけないの……」とため息混じりに愚痴る人もいたりします。

人はみんな違うもの。でも、どうせなら少しでも、みんなにとって良い時間にしたいもの。昨今の飲み会事情を理解して、「飲み会ファシリテーション」でもっと実り多い時間を生み出しましょう。

◉――せっかく楽しみにしてたのに……。STOP! ガッカリ飲み会

若者のビール離れ、飲み会離れが言われて久しい近年。少し年配の方とお話しすると、決まって「最近のヤツは誘っても来なくてさぁ……」と嘆かれます。

では、最近の若者は、本当に飲み会嫌いなのでしょうか。キリン食生活文化研究所が実施した「新社会人の飲酒意識と仕事観」に関する調査（二〇一二年）では、その年に入社する20代以上の若者で、普段から飲酒する男女に、インターネット調査を実施しています（有効回答数305人）。

Q「会社の人との飲み会は必要だと思いますか?」

この問いに対する答えは、「必要だと思う36・3％」「まあ必要だと思う51・7％」。両方合わせると、実に約9割の若者が**「必要だ」**と考えているとのこと。

・コミュニケーションを取りたい
・仕事や人間関係の情報収集
・楽しくいろんな話をしたい
・社内に人的ネットワークを作りたい

必要だと思う理由は様々ですが、どうも若者は、飲み会に結構**「期待している」**ようにも感じられませんか？

一方で、期待していた職場の飲み会、いざ行ってみたら愚痴と説教、自慢話のオンパレード。ノリも話題も何だか合わず、何を話せばよいのやら……。もしもこんな時間を体験してしまったら、飲み会を敬遠する気持ちになるのもわからないではありません。

だからこそ、飲み会だってファシリテーション！　みんなで楽しく有意義に。

ただしお酒が入るとグダグダになりがちですから（笑）、大切なのは準備と導入。ここからは具体的に、目的ごと「飲み会ファシリテーション」を考えていきましょう。

飲み会ファシリ①新人歓迎会

「新しい人がやってくる！」
「新人歓迎会はいつにする？」

新人歓迎会の目的は、新しく入ってくる人のことを知り、元からいるメンバーのことをより深く知ってもらって馴染んでもらうこと。
であれば、やはり大切なのは相互の自己紹介。もしや新人だけに自己紹介させて、従来メンバーは聞くばかり。自己紹介が終わったら、もはや主役はそっちのけ、盛り上がるのはいつものメンバー。そんな飲み会になっていませんか？

新しい環境に入るときには、みんな少なからず緊張するもの。そしてその緊張感は、相手のことをよく知らないからこそ生まれます。

自己紹介の順番も、新人からではなく先に従来メンバーから。お互いが楽しめるように、**「実は私、○○なんです」というカミングアウトネタ**など入れておくと盛り上がります。

ある程度チームとメンバーのことがわかれば、新メンバーも安心して自分を語ることができますから、メンバー紹介の時間はできるだけ丁寧に取りましょう。

「そうは言っても自己紹介、いつも途中で酔ってグダグダになるんだよね……」

わかりますわかります。そう思うなら、メンバー紹介が終わってからの乾杯がおススメです。しかし、飲みたいモードで来た人にとって、お預け状態はホントにつらい。必ず事前に**「最初に会場で自己紹介してから乾杯ね」**と周知しておきましょう。

最初に数分から長くても30分程。素面で知り合う時間を取って、新メンバーも場に慣れてからみんなで乾杯。そうすれば、あとは自然と盛り上がる。そんな時間になるハズです。

「うちは人数が多いから、とても30分で終わらない。そんな場合はどうすれば？」

複数の拠点を持つ歯科医院。今度、各医院に新卒の衛生士さん数人が配属になりました。お互いを知り合うことと、ウェルカムの気持ちを伝えるために用意されたのは、各医院の**ビデオレター**。

新メンバーの職場での様子を撮影したビデオと合わせて、所属スタッフからのウェルカムメッセージが流れます。私もゲスト参加させてもらって拝見したのですが、新人のために手間をかけ、それを楽しむ先輩たち。みんなの嬉しそうな笑顔がとても印象的でした。

何かを制作するとなると手間はかかりますが、その分仲間意識も深まります。しかも、他拠点が集まる場であれば、拠点同士を知り合う機会にもなり一石二鳥。新メンバーを歓迎すると共に、現メンバーも盛り上げる。そんな時間にしちゃいましょう。

飲み会ファシリ②忘年会

「職場の飲み会？　忘年会くらいかなぁ」

ほとんど飲み会習慣のない会社でも、年一回の忘年会くらいはやっておこう。こう考える会社は多いようです。

こういったシーズンイベントは、基本的には職場の仲間、気心知れたメンバー同士の飲み会です。どんなスタイルであれ、年に一度の区切りのイベント。今年もいい一年だったねと言い合えるよう、みんなが楽しめる時間にしたいもの。

無礼講で杯を重ねるスタイルもよいものですが、それでは何だか物足りない。そう感じるなら、**ちょっとしたイベントとセット**にするのもおススメです。

ボーリングなどのゲームをやってから始めるもよし。
トランプやボードゲームなどのゲーム大会を開くもよし。

その場合、できるだけ誰でも参加可能な、受け身にならないものがおススメ。クリスマス会などバンドを呼んでの演奏会も、雰囲気は素敵ですが、それではメンバーの活動を引き出せません。ビンゴも多く使われますが、あれもやっぱり受け身のイベント。商品次第で盛り上がりはしますが、チームワークは深まりません。

職場で見せている姿は、あくまでほんの一部分。チームをマンネリ化させず、メンバーが多面的に触れ合う機会を作るのも、チームをうまく回す上で大事なポイントです。みんなで何かに取り組んで、いつもと違う姿を見せ合うことで、お互いに新しい発見が生まれます。

年に一度の忘年会。楽しく盛り上げて新しい年を迎えましょう。

飲み会ファシリ③打ち上げ

「カンパーイ!!」

何かをやり切ったメンバーと交わす乾杯は、何より気分が上がるもの。イベントやプロジェクト、納品仕事やプレゼン、受注など、様々なシーンでそんな乾杯を交わしてきた人も多いのではないでしょうか。

打ち上げは本来メンバー同士をねぎらう場。しかし、反省点の多い事案の打ち上げの場合、気づくと愚痴や文句のオンパレード。段々険悪なムードになり、酒の勢いもあってケンカに発展！　万が一にもそんな事態になっては本末転倒です。

何かを終えた達成感をしっかり味わってほしい。

今後につながる改善意識を盛り上げたい。

そう思うなら**打ち上げ前に、メンバーの良かった点を整理して書き出してみる**ことをおススメします。普段は結構照れくさく、なかなか口にしづらい褒め言葉、そして感謝のメッセージ。一つ仕事をやり遂げたこのタイミングで、しっかり伝えておきましょう。どうしても気恥ずかしいようなら、小さな手紙にするのもおススメです。

自分ががんばったことをちゃんと見て、認めてきちんと伝えてくれる。そんなリーダーのアドバイスなら、すうっと耳に入るというもの。もしかしたら自分から、改善点を口にするかもしれません。改善点を指摘することは大切ですが、お酒の席ではつい言いすぎてしまいがち。言われたほうも、忘れてしまったりするものです。

良い点は、打ち上げの席で想いを込めて。
改善点は、素面の場で冷静に。

せっかくのチャンス、リーダーとして見逃さず、上手に活用してくださいね。

飲み会ファシリ④ただの飲み会

イベント的な飲み会はあっても、普段はほとんど飲みに行かない。
誘うのにも勇気がいるし、飲みに行って仕事の話をするのもなぁ……。

と、いろんな声が聞こえてきます。「飲ミュニケーション」への考え方も多様化していますから、一度メンバーにそれぞれの考え方を聞いてみるのも良いアイデアかもしれません。

そしてせっかく、メンバーと飲みに行くのなら、お互いにとって楽しい時間にしたいもの。会話の内容はもちろんですが、終わりの時間も意識しましょう。

飲み会を敬遠する人の意見には、「翌日に影響する」「遅くなる」というように、夜遅くまでの付き合いがツラいんです、という声も多くありました。

「ちょっと行こう」の普段の飲み会こそ、終わりの時間を決めておいて、そこでスパッと切り上げる。食事と同じく腹八分。まだ話し足りないなぁ、と思わせるくらいがちょうどいいのかもしれません。

また行きたい、もっと話したいと思わせる。
できるリーダーは飲み会もスマート。

飲み会は、うまく使えばチームをまとめる良い機会。上手なファシリテーションでチームを回していきましょう。

そのために、くれぐれも飲みすぎにはご注意を（自戒を込めて）！

5 何が生まれるかお楽しみ。交流会をやってみよう

「ここ数年、仕事以外の人と出会ってないなぁ」

そのことを物足りなく思うなら、いろんな勉強会や交流会に行ってみることも一案。企業の経営者やお店のオーナー、個人事業主など、自分でビジネスをやっている人たちの多くは、いろいろな交流会に足を運び、多様な人たちと情報交換しています。

でも、初めての人たちばかりの場に参加するのは気が引けて……。

了解です。ではいっそのこと、自分で主催してみましょう。

◉――いつもの飲み会に友だちを呼んで。一人追加で交流会

「自分で主催？　そんなの無理だよ！」

「交流会」と言われると、ハードルが高く感じるでしょうか。でも、友人や会社の仲間と飲むときに、それぞれが誰か友人を連れてくる。それでも立派に交流会。２人それぞれが一人連れてくれば、４人の小さな交流会がそこで成立しちゃいます。

ファシリテーティブリーダーを目指すなら、多様な考え方や意見を知り、自分の対応力の幅を広げることも大切。**新しい人との出会いは、手っ取り早く世界を広げてくれます。**

夜の飲み会以外にも、出勤前の朝会や、いつものランチ時間の活用もよいものです。まずは近くのお友だちから。明日からの世界が一気に変わるかもしれません。

◉――「テーマ」→「日時」→「場所」の順に決めていく

インターネットで検索してみると、朝昼問わず、多くの交流会が企画されています。フェイスブックやツイッターなどSNSの他、「イベントフォース」「こくちーず」などの**イベント告知サイト**もたくさんありますから、まずはこれらを見て情報収集。大体の雰囲気がわかったら、いよいよ自分の企画スタートです。

まずはテーマを決めましょう。

・講師を招いての勉強会
・世代を区切っての交流会
・業界や仕事を絞った交流会
・本や新聞を読んで語る会
・エリア限定ご近所の会

・ランニング、釣りなど、趣味をテーマにした交流会
・「○○県出身」など地元つながりの会

など、いろんなテーマが考えられます。

テーマを決めて集めることで、同じ話題を持ったメンバーに訴求しやすくなりますし、当日の会話も盛り上がりやすくなります。

会場借りてやろうと思うと、最低何人は集めないと……とハードルが上がってしまいますが、もっと気楽にやりたいなら、**まずは日時だけ決めて告知、集まった人数で会場を決める**というやり方もおススメ。自分に合ったやり方で、まずは一回やってみましょう。

⦿――初対面でも、必ず盛り上がるコツ

いよいよ当日、知らない人同士の集まりを盛り上げるコツは、できるだけ早くお互いを知る時間を持つことです。……とは言うものの。単に「自己紹介してね」と促しても、そ

うそう盛り上がるわけではありません。盛り上げ方に不安を抱く方のために、必ず盛り上がるコミュニケーションツール**「偏愛マップ」**をご紹介します。

「偏愛マップ」とは、教育学者、齋藤孝さんが考案したもの。まず、自分の大好きなモノやコトをできるだけ具体的に紙に書きます。書いたら、それをお互いに見せ合いっこしながらおしゃべりするだけ。大きさや書き方に制限はありません。

ポイントは、できるだけ固有名詞を使うこと。「うどん」と書くより、「○○というお店の釜バターうどん」と書くほうがより盛り上がるのです。「読書」と書くより著者名や書名を。「音楽」とは書かずに曲名、ジャンル、アーティスト名を。会の最初にマップを書く時間を取ってもいいですし、事前に書いてもらってから参加してもらう方法もあります。

初対面でも、世代が違っても、自分とは合わなさそうな外見でも、いざマップを見せ合ってみると、意外な共通点が見つかることも多いもの。ドンピシャ同じ好みなら盛り上がりますし、全然知らないことを書いていたとしても、**「それってなあに？」**と盛り上がる不思議な便利なツールです。もちろん、ビジネスの交流会や全社研修にも使えます。

図4-3 「偏愛マップ」があれば、初対面から盛り上がります!

「お見合いパーティーのカップル成立数を増やすために、何かいいアイデアないですか?」

そうおっしゃる結婚相談所の経営者におススメしたところ、実際にパーティーで取り入れてみて効果絶大! パーティーの最初から盛り上がり、結果、カップル成立数も増えたそうです。

マップを応用して、**「これからやりたいこと」**とか、**「知りたいこと」**などを書くのもおススメ。お互いのニーズを知ることで、新しい何かも生まれやすくなるというもの。楽しみながら、世界を広げていきましょう。

6

大人数でやるなら。簡単便利なワールドカフェ

人が集まる場は様々。皆さんにとって一番身近な職場のチームや会社組織以外にも、同業者の団体、勉強会、趣味の交流会や地域コミュニティなど、実に多くの集まりがあり、実際に参加されている方もいらっしゃると思います。中には毎回100人以上集まるような、大きな会もあるようです。

せっかくだから、メンバー同士の交流の場を作りたい。

でも、こんなに大人数、どうやって盛り上げたらいいんだろう……。

そんな場合のおススメは、プロローグでもご紹介したワールドカフェ。やり方さえわか

れば、誰でもできる簡単便利な手法です。

◉——100人超えても大丈夫！

ワールドカフェは、最低12人から開催できるディスカッション方法。会場さえ準備ができるなら、千人を超えても対応可能と言われています。各グループに模造紙と裏うつりしないマジック、おやつや飲み物、必要に応じてBGMなどを用意し、できるだけ参加者がリラックスできる雰囲気を作ります。途中で席替えをしますから、参加者が身軽になれるよう、荷物置き場も用意すると便利です。会議室ではなく、広い和室で実施するのも良いアイデア。

そして話し合うテーマは、参加者共通に興味のあることや、みんなに考えてほしいことなど何でもOK。ですが、問いの立て方によって、話しやすさも変わります。あまり限定しすぎず、かと言って、曖昧すぎないテーマがおススメ。参加者が、当事者として語れることも重要です。例えば会社で実施する場合。「我が社の10年後の未来像は？」では、なかなか当事者意識を持てないメンバーもいるでしょう。そんな場合は、10年後も会社にいると条件設定した上で、「ここにいてよかった！と思える我が社の未来像は？」という問いにする。こんな工夫も必要です。参加者同士が多様な意見交換をして交流を深めることが狙いですから、参加者の気楽な意見を引き出す楽しい言葉を使ってみましょう。

ワールドカフェの説明を終え、問いを大きく机の上の模造紙の真ん中に書いたら、ディスカッションスタートです。ディスカッションは、できれば4人、多くても6人までの小グループで行います。模造紙に、各自でいろいろメモを取りながら、**1ラウンド20～30分**。基本は全部で3ラウンド、説明や移動を含めると、全体で最低2時間程必要です。

1ラウンド目が終わったら、各グループ1人のホストを残し、みんな別々のグループに席替えを行います。3ラウンド目は、元のグループに戻ってそれぞれの体験をシェア。もし、できるだけ多くの人と交流してほしいなら、3ラウンド目も新しいグループでディスカッション、最後に元のグループに戻り、短めに感想をシェアする時間を取るやり方もあります。

図4-4「ワールドカフェ」の大まかな流れ

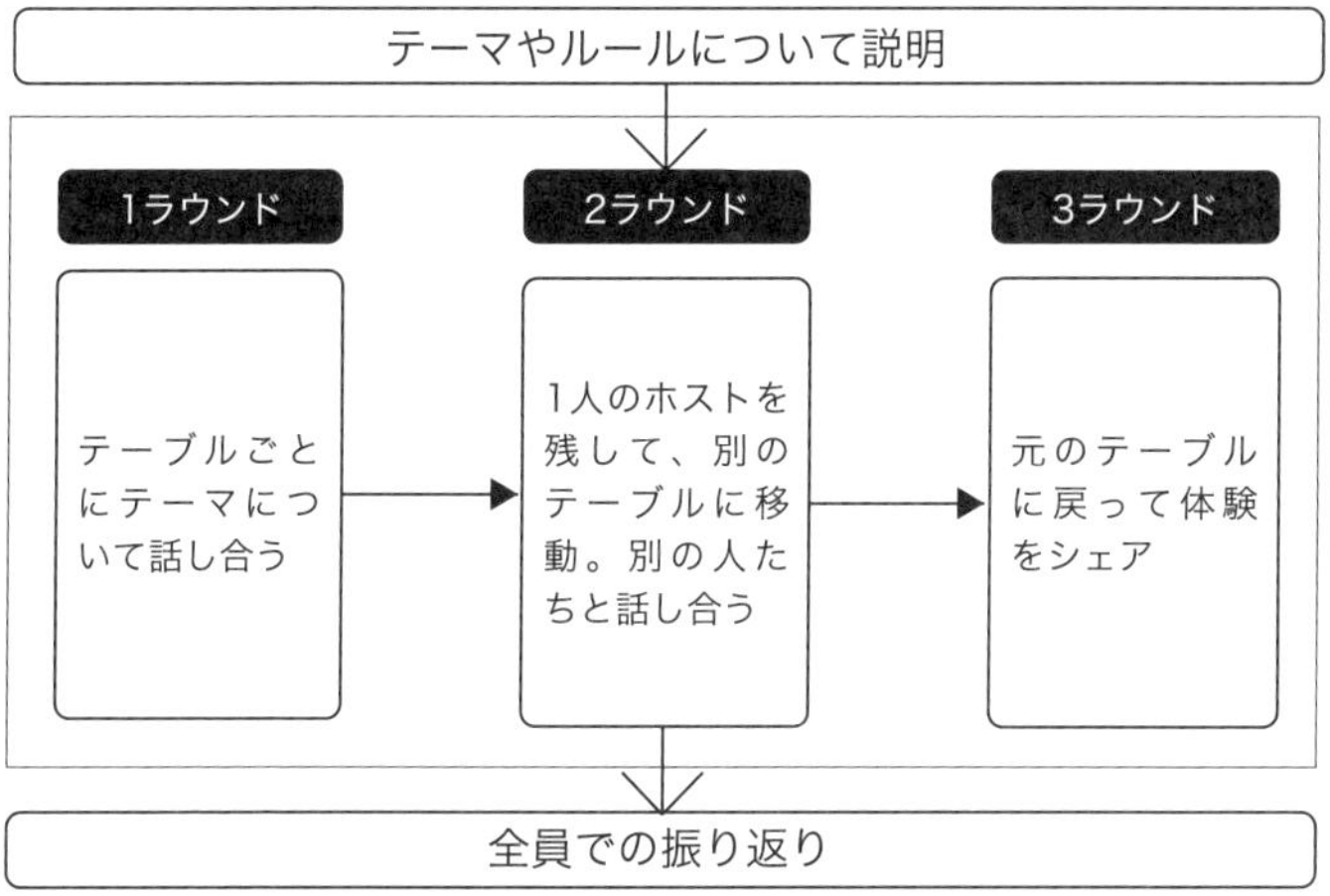
テーマやルールについて説明
1ラウンド
2ラウンド
3ラウンド
テーブルごとにテーマについて話し合う
1人のホストを残して、別のテーブルに移動。別の人たちと話し合う
元のテーブルに戻って体験をシェア
全員での振り返り

◉——初めての参加者も、これなら安心

いろいろ調べてマニュアルも読んだ。

準備も万端、よし本番！と張り切ってスタートしたものの、なんだか会場が混乱気味。

「席替えしてって言ったのに、あの人移動してないよね」

「あのグループ、一人がずーっとしゃべってる」

参加者のほとんどは、ワールドカフェ初体験。最初は戸惑って当たり前ですから、席替えの方法や時間管理の仕方、この場のルールなどを最初に丁寧に伝えましょう。大人数の場であれば、説明スライドを作り、プロジェクターを使ってきちんと説明します。

伝えて終わりではなく、わからない人がいないかを確認することも大切。全員に挙手で**「わからないことがある」か「わかった」か、両方確認**します。

「やり方について、『わからない』ことがある方？」
「やり方が『わかった』という方？」

2つ目の質問に首を傾げながらおずおずと手を挙げる方を見つけたら、きっとその人はわかっていません（笑）。会場内にそんな人が多い場合は、もう一度簡単に説明し直しましょう。ほとんどいないようであれば、進めても大丈夫。そんな場合も、こうひと声かけておけば安心です。

「まずはやってみましょう。わからないことがあれば、サポートスタッフに声をかけてく

だ さいね。私も会場を回りながらサポートします」

「わからない」と手を挙げるのは恥ずかしい、でも「わかった」と手を挙げるほどには理解できていない、そんな人も見つけてケアをする。こんなふうに、良い場を作ろうとする「丁寧さ・親切さ」が場を温め、意見を言いやすい空気を作り、参加者の満足感を引き出すのです。会場全体をケアするために、できれば数人のスタッフを置いておけば安心です。

◉――サポートは「その場に参加」でさりげなく

「あの人たち、テーマと違う話してる」
「模造紙が白紙のまま。このまま放っておいていいのかな」
「どう見てもあのグループ、話が弾んでない……」

こんな理由である特定のグループが気になる。放っておくべきか、介入すべきか、それが問題だ……。と、もし悩んだら。おススメなのはそのグループにふらっと参加してみることです。

ファシリテーターとして全体に「〇〇してください」と指摘するのではなく、個人として**「自分も参加する」**姿勢で加わります。メンバーにテーマについて質問してみる、まずは自分がメモを書き始めてみる、参加者の話に笑顔でうなずくなど、できることはたくさんあります。ワールドカフェという手法自体に戸惑っている場合は、個別に疑問を解消しましょう。

◉──たった一枚の写真が、すべてを物語る

「対話は盛り上がったみたいだけど、これってどうやってまとめるの?」
「最後のオチをどうつけよう……」

ワールドカフェは、基本的に考えを「発散」させる手法です。問いについて自由に語り合うことが、その場に何を生み出すかはわかりません。**短時間で結論を出す、そういう手**

図4-5 各テーブルで、ワイワイ意見交換。模造紙に書き込んでいく

法ではありませんから、無理矢理まとめようとしないことも大切。意見を収束させたい場合は、ワールドカフェの後にグループごとの発表の時間や、そのためのディスカッションの時間を取るなどしてまとめます。

「各自が交流できていればそれでいい。でも一体感は作りたい」。そんなときは、〝ひと言フリップボード〟で場を締めましょう。ワールドカフェを体験して思うことや感想、これからに向けての宣言など、参加者それぞれにA4程度の紙（できれば画用紙など厚めのもの）を渡し、ひと言書いてもらいます。

書けたボードを「せーの」で掲げ、そのままパシャリと記念撮影。

多くの言葉より、一枚の写真。

当日の熱気や対話の雰囲気がギュッと凝縮されたまとめになります。その写真は、メールや報告書、ホームページなどでぜひ参加者と共有しましょう。可能であれば、当日その場でプロジェクターで映写するのもおススメ。そうすれば、より一層印象深く参加者の記憶に残り、**「またやりたいね！」**の気分を盛り上げること請け合いです。

書いてもらったフリップボード、名前を書いて集めれば参加の感想も一気に取れて一石二鳥。きっと嬉しい感想がたくさん集まると思います。

ここまで、様々な交流のための場作りのヒントをご紹介してきました。人と人が出会い、交流することで、思いもよらぬ新しい何かが生まれることも多いもの。

世界の広がりを楽しみながら、ファシリテーティブな力を磨いていきましょう。

コラム **4**

初めてのワールドカフェ。みんなの心が一つになった瞬間!!

小豆島霊場第8番　常光寺副住職　**大林慈空**

およそ2年前、移住者と地元の交流会をワールドカフェ形式で行い、谷さんにファシリテーターをしてもらいました。今までやったことのないイベント、しかも行政やこれから移住して来ようという人も巻き込んで100人を超える大イベントとなったため、場の仕切りがとても重要になりました。

谷さんには企画段階から入ってもらったものの、参加者の予想もつかず、どう場を盛り上げ、どこに収束させていくか、不安を拭えないまま当日を迎えました。しかし当日の盛り上がりは期待以上で、最後、全員が感想とこれからについて書いたプレゼンボードを掲げたとき、会場に拡散していた熱気と想いが、スッキリ昇華されたのを感じました。結論を求めない手法であるワールドカフェですが、ずばり決着がついた!という感じでした。

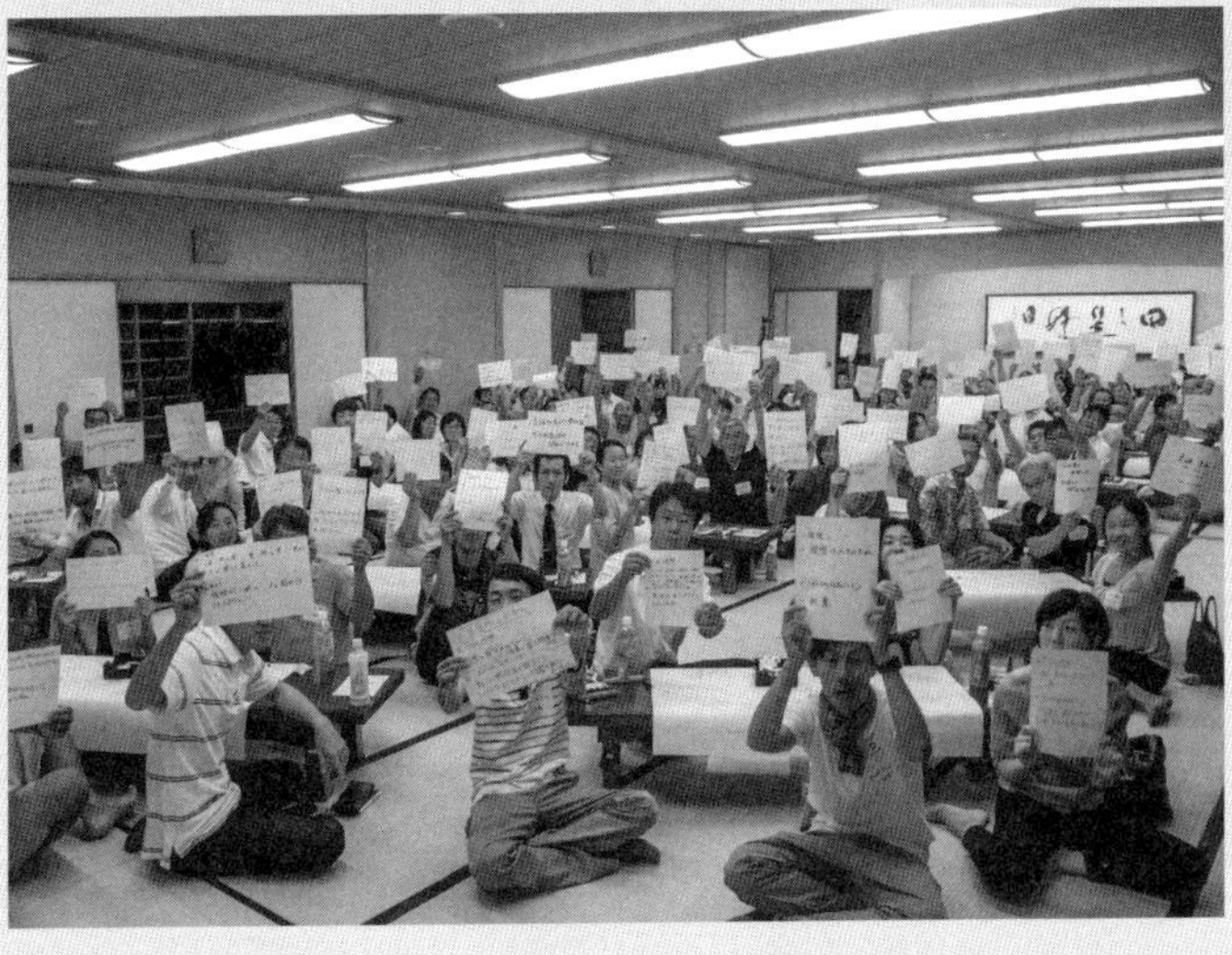

エピローグ

「ファシリーダー」が世界を変える！

「やっぱり本、書きませんか？」

すばる舎編集部原田さんのひと言がなければ、この本は世に出ていませんでした。書くことないよ、書けないよ、と弱気な私に「例えばこんなときどうします？」「こんな話もしてましたよね？」と問いかけ、「いい感じ！」と声をかけてくれた彼女は、私にとってのファシリーダー。引き出し、まとめ、背中を押してくれました。

思い返せば、会社員だったときも、起業したときも、新しいプロジェクトを始めたときも、ファシリーダーの存在がありました。人は人の影響を受け、引き出し合い、変化成長していきます。誰もがみんな知らぬ間に、今日も誰かに影響し、その人の人生を変えているのかもしれません。

世界は個の集合体。そして、みんな、様々な要素でつながり合っています。つながり合う相手と交わし合うのがコミュニケーションであるならば。

コミュニケーションが変わると、対話の質が変わります。
対話が変わると、人間関係が変わります。
そして、人間関係が変わると、人生が変わるのです。

小さな頃から実は友だちが作れず、どちらかと言えばいじめられる側だった私。人間関係をどう作るかを長い間悩み、悩んでばかりじゃ始まらない、といろんなことを試してみました。20代後半、コーチングやファシリテーションというスキルに出会ったとき、自分が試行錯誤でやってきたことが、体系化されていることに安堵したのを覚えています。
「そっか、間違えてなかったんだ」そう思えるのは、今周りで私を支え、引き出し、引っ張ってくれている多くの人たちの存在があるからです。

「ね、昔からの友だちみたいでしょう?」とどなたにも紹介くださる杉浦先生。「ともだち力」が上がったのは、間違いなく先生のお陰です（笑）。いつもの無茶ブリに科学者の知性でお付き合いくださる枝川先生。お陰で段々賢くなってきてる気がします（気がするだけ？）。起業へと大きく背中を押してくださった本山さん。あちらこちらと出掛けて行く私を、いつも後方支援してくれる家族。数多くのクライアントの皆様、仕事をご一緒頂いた方々、地元香川そして早稲田を始め、いろいろな場所で出会った多くの恩人、友人、仲間たちへ。心からの感謝の気持ちを贈ります。

そして、本書を手にしてくださった皆様へ。

普段の会話がファシリテーティブに変われば、チームは、世界は、きっともっと良くなります。まずはいつものひと言を、ちょっぴり変えるところから。もしもヘルプが必要なときは、いつでもお声がけくださいね。

マジック一本で、どこへでも行きます！

二〇一四年七月

谷 益美

参考文献

『日経ビジネス経営教室 カルロス・ゴーン リーダーシップ論』
カルロス・ゴーン 著（日経BP社）

『まず、ルールを破れ　すぐれたマネジャーはここが違う』
マーカス・バッキンガム、カート・コフマン 著、宮本 喜一 訳（日本経済新聞社）

『吉越式会議』
吉越 浩一郎 著（講談社）

『MBA「つまるところ人と組織だ」と思うあなたへ』
杉浦 正和 著（同友館）

『ビジネスモデル・ジェネレーション　ビジネスモデル設計書』
アレックス・オスターワルダー 、イヴ・ピニュール 著、小山 龍介 訳（翔泳社）

『偏愛マップ―キライな人がいなくなる コミュニケーション・メソッド 』
齋藤 孝 著（NTT出版）

『ワールド・カフェ ~カフェ的会話が未来を創る~ 』
アニータ ブラウン、デイビッド アイザックス、ワールド・カフェ・コミュニティ 著、
香取 一昭、川口 大輔 訳（ヒューマンバリュー）

『ファシリテーター型リーダーの時代』
フラン・リース 著、黒田 由貴子、P.Y.インターナショナル 訳（プレジデント社）

[著者紹介]

[illegible]

[illegible]

[illegible]

[illegible]

リーダーのためのファシリテーションスキル

2014年7月31日　第1刷発行
[illegible]　第6刷発行

著　者——[illegible]

発行者——[illegible]

発行所——株式会社すばる舎

[illegible]

印　刷——[illegible]